Chat GPT : Comment ça fonctionne et comment gagner avec l'utilisation de la technologie d'Intelligence Artificielle

Boostez votre entreprise avec notre guide complet pour exploiter Chat GPT, une technologie d'IA de pointe. Créez des chatbots personnalisés, offrez des réponses sur mesure et utilisez la technologie pour la publicité, générant ainsi des revenus novateurs et renforçant votre présence numérique.

Évolution Personnelle

Chat GPT (Generative Pre-trained Transformer) est une technologie d'Intelligence Artificielle développée par OpenAI, qui utilise des algorithmes avancés d'apprentissage profond pour générer des réponses cohérentes et pertinentes aux questions des utilisateurs. La technologie Chat GPT repose sur le principe d'"auto-apprentissage", ce qui signifie qu'elle est capable d'apprendre en continu des interactions avec les utilisateurs, améliorant ainsi constamment sa capacité à générer des réponses de plus en plus précises et pertinentes.

Le fonctionnement de Chat GPT est basé sur un réseau neuronal artificiel, qui est entraîné sur un vaste corpus de textes en langage naturel provenant de sources fiables telles que Wikipedia, des livres et des articles de presse. Grâce à cet entraînement, le réseau neuronal de Chat GPT est capable de comprendre le contexte des questions des utilisateurs et de générer des réponses cohérentes et pertinentes.

En plus de sa capacité à générer des réponses de plus en plus précises et pertinentes, la technologie Chat GPT est capable de reconnaître et de répondre à un large éventail de questions et de demandes, tant en langage naturel qu'en langage technique, ce qui la rend extrêmement polyvalente et adaptable à de nombreux contextes.

L'utilisation de Chat GPT se répand de plus en plus dans divers secteurs tels que la finance, les soins de santé, l'éducation et le marketing, et elle révolutionne la manière dont les entreprises interagissent avec leurs clients et consommateurs.

En résumé, Chat GPT est une technologie d'Intelligence Artificielle de pointe, capable de générer des réponses de plus en plus précises et pertinentes aux questions des utilisateurs. Grâce à sa capacité d'apprentissage continu et à sa polyvalence, la technologie Chat GPT révolutionne la manière dont les entreprises interagissent avec leurs clients et consommateurs, ouvrant de nouvelles opportunités commerciales et améliorant l'expérience utilisateur.

De nombreuses entreprises exploitent la technologie Chat GPT pour améliorer l'expérience utilisateur et créer de nouvelles opportunités commerciales. Voici quelques exemples d'entreprises utilisant Chat GPT :

Microsoft : Microsoft a intégré la technologie Chat GPT dans sa plateforme d'agent virtuel, Microsoft Virtual Agent, qui fournit un support aux clients sur une large gamme de problèmes techniques et de produits.

Airbnb : Airbnb utilise la technologie Chat GPT pour offrir une assistance personnalisée à ses utilisateurs via le système de messagerie in-app. La technologie Chat GPT aide les hôtes et les invités à répondre aux questions courantes et à résoudre les problèmes plus rapidement.

Mastercard : Mastercard a développé un chatbot basé sur la technologie Chat GPT pour aider les clients à gérer leurs finances en fournissant des informations sur les comptes, les transactions et le solde disponible.

The New York Times : Le New York Times a utilisé la technologie Chat GPT pour créer un assistant virtuel appelé "The News Quiz", qui met au défi les utilisateurs de répondre à des questions d'actualité et leur fournit des commentaires personnalisés en fonction des réponses données.

Hugging Face : Hugging Face est une entreprise qui développe des chatbots personnalisés pour les entreprises en utilisant la technologie Chat GPT. Grâce à leur expertise, Hugging Face a été en mesure de créer des chatbots novateurs et hautement intelligents pour des entreprises de différentes tailles et industries.

Ce ne sont que quelques exemples d'entreprises utilisant la technologie Chat GPT pour améliorer leur offre de services et créer de nouvelles opportunités commerciales. Grâce à sa polyvalence et à sa capacité d'apprentissage continu, la technologie Chat GPT gagne en popularité parmi les entreprises du monde entier.

L'utilisation de Chat GPT par les entreprises présente de nombreux avantages, notamment :

Amélioration de l'expérience utilisateur : La technologie Chat GPT permet aux entreprises de fournir à leurs utilisateurs des réponses rapides, précises et personnalisées à leurs questions et demandes. Cela améliore l'expérience utilisateur, augmentant la satisfaction client et améliorant la réputation de l'entreprise.

Augmentation de l'efficacité : Grâce à la capacité de Chat GPT à automatiser de nombreuses interactions avec les clients, les entreprises peuvent réduire le temps et les ressources nécessaires pour fournir assistance et support à leurs clients. Cela permet aux entreprises de gérer un plus grand volume de demandes avec moins de ressources.

Réduction des coûts : L'automatisation des interactions avec les clients permet aux entreprises de réduire les coûts liés à la gestion du service client. Cela peut entraîner des économies considérables pour les entreprises.

Meilleure évolutivité : La technologie de Chat GPT permet aux entreprises de gérer un volume plus important d'interactions avec les clients sans avoir besoin de recruter du personnel supplémentaire. Cela permet aux entreprises de développer rapidement leur offre de services de manière efficace.

Amélioration de la qualité des données : Grâce à la capacité de Chat GPT à collecter et analyser de grandes quantités de données, les entreprises peuvent obtenir des informations précieuses sur leurs clients et leurs besoins. Cela permet aux entreprises d'améliorer la qualité de leurs données et de prendre des décisions plus éclairées concernant leur stratégie commerciale.

La technologie de Chat GPT utilise l'analyse des données pour améliorer la qualité des données collectées lors des interactions avec les utilisateurs. En particulier, la technologie de Chat GPT utilise des techniques d'analyse de langage naturel (NLP) et d'apprentissage automatique pour extraire des informations significatives des données collectées et améliorer la compréhension des besoins et des exigences des utilisateurs.

Voici comment fonctionne l'analyse des données par Chat GPT pour améliorer la qualité des données :

Collecte des données : Chat GPT collecte des données lors des interactions avec les utilisateurs, telles que les questions posées par les utilisateurs et les réponses générées par la technologie. Ces données sont ensuite traitées et analysées pour en extraire des informations utiles.

Prétraitement des données : Avant d'analyser les données, Chat GPT effectue une opération de prétraitement des données, comprenant des techniques de nettoyage et de normalisation des données. Ces techniques permettent d'éliminer les éventuels bruits ou ambiguïtés des données et de les rendre plus cohérentes et consistantes.

Analyse des données : Après le prétraitement des données, Chat GPT utilise des techniques d'analyse de langage naturel et d'apprentissage automatique pour extraire des informations significatives des données collectées. Par exemple, la technologie peut analyser les données pour identifier les problèmes les plus courants rencontrés par les utilisateurs et les domaines d'amélioration de leur offre de services.

Génération d'informations : Sur la base des données analysées, Chat GPT génère des informations utiles pour améliorer leur offre de services. Par exemple, la technologie peut suggérer de nouvelles fonctionnalités à ajouter à leur plateforme ou des améliorations à apporter à leur stratégie de service client.

Formation du modèle : Pour continuellement améliorer la qualité des données analysées, Chat GPT entraîne en permanence son modèle d'apprentissage automatique sur les nouvelles données collectées lors des interactions avec les utilisateurs. Cela permet à la technologie d'améliorer constamment sa capacité à extraire des informations significatives des données et à générer des informations utiles pour améliorer leur offre de services.

Supposons qu'une entreprise de commerce électronique utilise la technologie Chat GPT pour fournir une assistance client via son site web. L'entreprise a remarqué que de nombreux utilisateurs utilisant le service de chatbot se plaignent de la difficulté à trouver le produit qu'ils recherchent sur le site.

Pour améliorer la qualité des données et mieux comprendre les besoins des utilisateurs, l'entreprise a utilisé Chat GPT pour analyser les données collectées lors des interactions des utilisateurs avec le chatbot. La technologie a extrait des informations significatives des données, telles que les termes de recherche les plus couramment utilisés par les utilisateurs et les produits recherchés par les utilisateurs.

Sur la base de ces informations, l'entreprise a apporté quelques modifications à son site web, notamment en améliorant la navigation sur le site et en ajoutant de nouvelles fonctionnalités pour aider les utilisateurs à trouver plus facilement les produits qu'ils recherchent. De plus, l'entreprise a amélioré la qualité des informations sur les produits sur le site web, en incluant des descriptions plus détaillées et des images de haute qualité.

Grâce aux informations extraites par Chat GPT, l'entreprise a pu mieux comprendre les besoins des utilisateurs et apporter des améliorations significatives à son offre de services. Cela a amélioré l'expérience des utilisateurs sur le site web et a augmenté la satisfaction des clients.

En résumé, l'utilisation de Chat GPT a permis à une entreprise de mieux comprendre les besoins des utilisateurs et d'apporter des améliorations significatives à son offre de services, améliorant ainsi l'expérience des utilisateurs sur le site web et augmentant la satisfaction des clients.

Spotify : Spotify a utilisé la technologie de Chat GPT pour analyser les données collectées lors des interactions des utilisateurs avec son service de streaming musical. La technologie a permis à Spotify de mieux comprendre les préférences musicales des utilisateurs et de proposer des listes de lecture personnalisées ainsi que des recommandations d'artistes de manière plus précise.

American Express : American Express a utilisé la technologie de Chat GPT pour analyser les données collectées lors des interactions des utilisateurs avec son service client. La technologie a permis à American Express de mieux comprendre les besoins de ses clients et de fournir une assistance personnalisée et des réponses plus rapides à leurs questions.

Réduction des coûts : L'automatisation des interactions avec les clients permet aux entreprises de réduire les coûts liés à la gestion du service client. Cela peut entraîner d'importantes économies pour les entreprises.

Meilleure évolutivité : La technologie Chat GPT permet aux entreprises de gérer un volume accru d'interactions avec les clients sans avoir besoin de recruter du personnel supplémentaire. Cela permet aux entreprises de développer rapidement leur offre de services de manière efficace.

Amélioration de la qualité des données : Grâce à la capacité de Chat GPT à collecter et analyser de vastes quantités de données, les entreprises peuvent obtenir des informations précieuses sur leurs clients et leurs besoins. Cela permet aux entreprises d'améliorer la qualité de leurs données et de prendre des décisions plus éclairées concernant leur stratégie commerciale.

La technologie Chat GPT utilise l'analyse des données pour améliorer la qualité des données collectées lors des interactions avec les utilisateurs. Plus précisément, la technologie Chat GPT utilise des techniques d'analyse du langage naturel (NLP) et d'apprentissage automatique pour extraire des informations significatives des données collectées et ainsi améliorer la compréhension des besoins et des exigences des utilisateurs.

Voici comment fonctionne l'analyse des données par Chat GPT pour améliorer la qualité des données :

Collecte des données : Chat GPT recueille des données pendant les interactions avec les utilisateurs, telles que les questions posées par les utilisateurs et les réponses générées par la technologie. Ces données sont ensuite traitées et analysées pour en extraire des informations utiles.

Prétraitement des données : Avant d'analyser les données, Chat GPT effectue une opération de prétraitement des données, incluant des techniques de nettoyage et de normalisation des données. Ces techniques permettent d'éliminer les éventuels bruits ou ambiguïtés des données et de les rendre plus cohérentes et uniformes.

Analyse des données : Une fois les données prétraitées, Chat GPT utilise des techniques d'analyse du langage naturel et d'apprentissage automatique pour extraire des informations significatives des données collectées. Par exemple, la technologie peut analyser les données pour identifier les problèmes les plus couramment rencontrés par les utilisateurs et les domaines nécessitant une amélioration dans leur offre de services.

Génération d'informations : Basée sur les données analysées, Chat GPT génère des informations utiles pour améliorer leur offre de services. Par exemple, la technologie peut suggérer de nouvelles fonctionnalités à ajouter à leur plateforme ou des améliorations à apporter à leur stratégie de service client.

Entraînement du modèle : Pour continuellement améliorer la qualité des données analysées, Chat GPT entraîne constamment son modèle d'apprentissage automatique sur les nouvelles données collectées lors des interactions avec les utilisateurs. Cela permet à la technologie d'améliorer constamment sa capacité à extraire des informations significatives des données et à générer des informations utiles pour améliorer leur offre de services.

Imaginons qu'une entreprise de commerce électronique utilise la technologie Chat GPT pour fournir une assistance client via son site web. L'entreprise a remarqué que de nombreux utilisateurs utilisant le service de chatbot se plaignent de la difficulté à trouver le produit qu'ils recherchent sur le site.

Pour améliorer la qualité des données et mieux comprendre les besoins des utilisateurs, l'entreprise a utilisé Chat GPT pour analyser les données collectées lors des interactions des utilisateurs avec le chatbot. La technologie a extrait des informations significatives des données, comme les termes de recherche les plus fréquemment utilisés par les utilisateurs et les produits recherchés par les utilisateurs.

Basée sur ces informations, l'entreprise a apporté quelques modifications à son site web, notamment en améliorant la navigation sur le site et en ajoutant de nouvelles fonctionnalités pour aider les utilisateurs à trouver plus facilement les produits qu'ils recherchent. De plus, l'entreprise a amélioré la qualité des informations sur les produits du site web, en incluant des descriptions plus détaillées et des images de haute qualité.

Grâce aux informations extraites par Chat GPT, l'entreprise a pu mieux comprendre les besoins des utilisateurs et apporter des améliorations significatives à son offre de services. Cela a amélioré l'expérience des utilisateurs sur le site web et a augmenté la satisfaction des clients.

En résumé, l'utilisation de Chat GPT a permis à une entreprise de mieux comprendre les besoins des utilisateurs et d'apporter des améliorations significatives à son offre de services, ce qui a amélioré l'expérience des utilisateurs sur le site web et augmenté la satisfaction des clients.

Spotify : Spotify a utilisé la technologie Chat GPT pour analyser les données collectées lors des interactions des utilisateurs avec son service de streaming musical. La technologie a permis à Spotify de mieux comprendre les préférences musicales des utilisateurs et de proposer des listes de lecture personnalisées ainsi que des recommandations d'artistes de manière plus précise.

American Express : American Express a utilisé la technologie Chat GPT pour analyser les données collectées lors des interactions des utilisateurs avec son service client. La technologie a permis à American Express de mieux comprendre les besoins de ses clients et de fournir une assistance personnalisée et des réponses plus rapides à leurs questions.

Il existe plusieurs solutions préconfigurées disponibles pour intégrer Chat GPT aux médias sociaux, permettant aux entreprises de créer des chatbots personnalisés et des assistants virtuels avancés pouvant interagir avec leurs clients sur les médias sociaux. Voici quelques-unes des solutions les plus populaires :

ManyChat : ManyChat est une plateforme de chatbot basée sur le cloud qui permet de créer des chatbots personnalisés pour Facebook Messenger, Instagram, WhatsApp et d'autres canaux de messagerie. ManyChat utilise le traitement du langage naturel pour analyser les demandes des utilisateurs et fournir des réponses appropriées.

Chatfuel : Chatfuel est une plateforme de chatbot basée sur le cloud qui permet de créer des chatbots personnalisés pour Facebook Messenger. Chatfuel utilise le traitement du langage naturel pour analyser les demandes des utilisateurs et fournir des réponses appropriées.

Tars : Tars est une plateforme de chatbot basée sur le cloud qui permet de créer des chatbots personnalisés pour Facebook Messenger, WhatsApp et d'autres canaux de messagerie. Tars utilise le traitement du langage naturel pour analyser les demandes des utilisateurs et fournir des réponses appropriées.

MobileMonkey : MobileMonkey est une plateforme de chatbot basée sur le cloud qui permet de créer des chatbots personnalisés pour Facebook Messenger, Instagram et SMS. MobileMonkey utilise le traitement du langage naturel pour analyser les demandes des utilisateurs et fournir des réponses appropriées.

Botsify : Botsify est une plateforme de chatbot basée sur le cloud qui permet de créer des chatbots personnalisés pour Facebook Messenger, WhatsApp et d'autres canaux de messagerie. Botsify utilise le traitement du langage naturel pour analyser les demandes des utilisateurs et fournir des réponses appropriées.

En résumé, il existe plusieurs solutions préconfigurées disponibles pour intégrer Chat GPT aux médias sociaux, permettant aux entreprises de créer des chatbots personnalisés et des assistants virtuels avancés pouvant interagir avec leurs clients sur les médias sociaux. Ces solutions incluent

ManyChat, Chatfuel, Tars, MobileMonkey et Botsify, qui offrent des fonctionnalités avancées pour créer des chatbots personnalisés et des assistants virtuels avancés sur différentes plateformes de médias sociaux.

Les solutions de chatbot préconfigurées offrent une large gamme de fonctionnalités avancées, notamment :

Traitement du langage naturel : Toutes les principales solutions de chatbot préconfigurées utilisent le traitement du langage naturel (NLP) pour analyser les demandes des utilisateurs et fournir des réponses appropriées.

Analyse des intentions : L'analyse des intentions permet de comprendre pourquoi un utilisateur a envoyé un message et de fournir une réponse appropriée. Cette fonctionnalité permet aux chatbots de fournir des réponses plus précises et pertinentes.

Génération de texte : La génération de texte permet aux chatbots de générer automatiquement des réponses sans avoir besoin d'une réponse prédéfinie. Cela contribue à rendre les conversations plus fluides et naturelles.

Intégrations tierces : Les solutions de chatbot préconfigurées peuvent être intégrées à d'autres plates-formes tierces, telles que les systèmes CRM, les logiciels d'automatisation marketing, les systèmes de support client, etc.

Analyse des conversations : L'analyse des conversations permet d'analyser les conversations des chatbots pour identifier les problèmes courants des utilisateurs, améliorer les réponses des chatbots et optimiser les interactions.

Support multilingue : Les solutions de chatbot préconfigurées offrent souvent une prise en charge multilingue, permettant aux chatbots de communiquer avec les utilisateurs dans différentes langues.

Personnalisation : Les solutions de chatbot préconfigurées offrent souvent des fonctionnalités de personnalisation, comme la possibilité de créer des réponses personnalisées en fonction des informations de l'utilisateur, telles que le nom, l'âge et les préférences.

Il est possible de personnaliser votre chatbot pour répondre en fonction des préférences de vos utilisateurs. Plusieurs solutions de chatbot préconfigurées offrent des fonctionnalités de personnalisation, permettant aux chatbots de collecter des informations sur les utilisateurs et de les utiliser pour fournir des réponses personnalisées et pertinentes.

Par exemple, les chatbots peuvent collecter des informations sur les utilisateurs telles que le nom, l'âge, le sexe, la localisation géographique et les préférences personnelles, et utiliser ces informations pour fournir des réponses personnalisées. De plus, les chatbots peuvent utiliser l'analyse des conversations pour identifier les problèmes courants des utilisateurs et personnaliser les réponses pour répondre aux besoins spécifiques de chaque utilisateur.

Les solutions préconfigurées de chatbot offrent souvent des fonctionnalités de personnalisation qui permettent aux propriétaires de chatbot de créer des réponses personnalisées en fonction des informations de l'utilisateur. Par exemple, certaines solutions de chatbot permettent aux propriétaires de créer des réponses personnalisées en fonction de la localisation géographique de l'utilisateur ou de ses préférences en matière de produits.

De plus, il est possible d'utiliser des intégrations tierces avec les solutions préconfigurées de chatbot pour recueillir des informations sur les utilisateurs à partir d'autres sources, telles que les médias sociaux, les systèmes de support client ou les logiciels de CRM, et utiliser ces informations pour personnaliser les réponses du chatbot.

En résumé, il est possible de personnaliser votre chatbot pour répondre aux préférences de vos utilisateurs en utilisant des solutions préconfigurées de chatbot qui offrent des fonctionnalités de personnalisation. Ces fonctionnalités permettent aux chatbots de recueillir des informations sur les utilisateurs et d'utiliser ces informations pour fournir des réponses personnalisées et pertinentes.

La personnalisation de votre chatbot en fonction des préférences des utilisateurs présente de nombreux avantages, notamment :

Amélioration de l'expérience utilisateur : La personnalisation de votre chatbot permet d'offrir une expérience utilisateur améliorée en fournissant des réponses pertinentes et personnalisées aux demandes des utilisateurs.

Amélioration de l'efficacité : La personnalisation de votre chatbot permet d'automatiser la gestion des demandes des utilisateurs, ce qui améliore l'efficacité de votre service client et réduit les temps d'attente pour les utilisateurs.

Augmentation des conversions : La personnalisation de votre chatbot permet de fournir des réponses personnalisées et pertinentes aux demandes des utilisateurs, ce qui augmente les chances de conversion des utilisateurs en clients réels.

Réduction des erreurs : La personnalisation de votre chatbot permet de fournir des réponses plus précises et pertinentes, réduisant ainsi les risques d'erreurs et améliorant la qualité du service fourni.

Réduction des coûts : La personnalisation de votre chatbot permet d'automatiser la gestion des demandes des utilisateurs, ce qui réduit les coûts du service client et améliore la productivité globale de l'entreprise.

Il existe cependant des cas où la personnalisation du chatbot pourrait ne pas être utile. Voici quelques exemples :

Nature générique des demandes : Si les demandes des utilisateurs sont très génériques et ne nécessitent pas d'informations spécifiques sur l'utilisateur, la personnalisation du chatbot pourrait ne pas être nécessaire. Par exemple, si un utilisateur demande "Quels sont vos horaires d'ouverture ?", une réponse standard fournie par le chatbot pourrait être suffisante.

Confidentialité des utilisateurs : Si la nature des informations demandées par le chatbot concerne la confidentialité des utilisateurs, il pourrait être nécessaire de limiter la personnalisation du chatbot. Par exemple, si le chatbot demande des informations personnelles de l'utilisateur, telles que le numéro de téléphone ou l'adresse de domicile, il pourrait être nécessaire de limiter l'utilisation de ces informations pour éviter les problèmes de confidentialité.

Manque d'informations sur les utilisateurs : Si les informations sur les utilisateurs ne sont pas suffisantes pour personnaliser le chatbot, il pourrait être difficile de fournir des réponses pertinentes et personnalisées. Dans ce cas, il pourrait être plus efficace d'utiliser des réponses standard ou de fournir une assistance humaine.

Demandes techniques complexes : Si les demandes des utilisateurs nécessitent des connaissances techniques ou spécialisées, la personnalisation du chatbot pourrait ne pas suffire pour fournir des réponses précises. Dans ce cas, il pourrait être nécessaire de faire appel à un expert humain pour fournir de l'aide.

La personnalisation du chatbot est utile dans une large gamme de cas, notamment :

Service client : La personnalisation du chatbot est particulièrement utile pour le service client. Les chatbots peuvent être personnalisés pour fournir des réponses appropriées et pertinentes aux demandes des utilisateurs, réduisant ainsi les temps d'attente et améliorant l'expérience utilisateur globale.

Automatisation des ventes : La personnalisation du chatbot est utile pour l'automatisation des ventes. Les chatbots peuvent être personnalisés pour recueillir des informations sur les utilisateurs et fournir des recommandations de produits personnalisées, augmentant ainsi les chances de conversion des utilisateurs en clients réels.

Support technique : La personnalisation du chatbot est utile pour le support technique. Les chatbots peuvent être personnalisés pour fournir des réponses spécifiques aux demandes des utilisateurs concernant les problèmes techniques, réduisant ainsi les temps d'attente et améliorant l'expérience utilisateur globale.

Formation : La personnalisation du chatbot est utile pour la formation. Les chatbots peuvent être personnalisés pour fournir des informations spécifiques et pertinentes aux utilisateurs en fonction de leurs besoins d'apprentissage, améliorant ainsi l'efficacité globale de la formation.

Marketing : La personnalisation du chatbot est utile pour le marketing. Les chatbots peuvent être personnalisés pour fournir des informations sur les produits et les services de l'entreprise et pour engager les utilisateurs dans des conversations de marketing personnalisées, augmentant ainsi les chances de conversion des utilisateurs en clients réels.

En résumé, la personnalisation du chatbot est utile dans une large gamme de cas, notamment dans le service client, l'automatisation des ventes, le support technique, la formation et le marketing. La personnalisation du chatbot permet de fournir des réponses appropriées et pertinentes aux demandes des utilisateurs, améliorant ainsi l'expérience utilisateur globale et augmentant les chances de conversion des utilisateurs en clients réels.

Il est possible de personnaliser votre chatbot afin de l'adapter aux besoins spécifiques de votre entreprise. Il existe plusieurs solutions de chatbot préconfigurées qui offrent des fonctionnalités de personnalisation, permettant aux propriétaires de chatbot de créer des réponses personnalisées et pertinentes en fonction des besoins spécifiques de leur entreprise.

La personnalisation de votre chatbot peut inclure la création de réponses personnalisées en fonction de votre activité, de vos produits ou services, de votre localisation géographique et de vos besoins en matière de branding. Par exemple, vous pouvez personnaliser les réponses de votre chatbot pour inclure des informations spécifiques sur votre produit ou service, telles que les caractéristiques, les prix, les options de personnalisation ou les délais de livraison.

De plus, vous pouvez personnaliser les réponses de votre chatbot afin qu'elles soient cohérentes avec l'identité de votre marque. Cela peut inclure l'utilisation des couleurs, des logos et des images de votre entreprise, ainsi que le ton de la conversation du chatbot.

La personnalisation de votre chatbot pour répondre dans plusieurs langues peut être une excellente stratégie pour atteindre un public mondial. Voici quelques avantages de la personnalisation de votre chatbot pour répondre dans plusieurs langues :

Accessibilité : La personnalisation de votre chatbot pour répondre dans plusieurs langues vous permet d'atteindre un public mondial et de fournir une assistance à des utilisateurs de langues différentes. Cela élargit votre base d'utilisateurs et vous permet d'explorer de nouveaux marchés.

Amélioration de l'expérience utilisateur : Fournir des réponses personnalisées dans différentes langues améliore l'expérience utilisateur globale. Les utilisateurs seront plus enclins à utiliser votre service s'ils peuvent communiquer dans leur langue préférée.

Meilleure efficacité : La personnalisation de votre chatbot pour répondre dans plusieurs langues permet d'automatiser la gestion des demandes des utilisateurs dans différentes langues, améliorant ainsi l'efficacité de votre service client et réduisant les temps d'attente pour les utilisateurs.

Compétitivité : La personnalisation de votre chatbot pour répondre dans plusieurs langues vous rend plus compétitif sur le marché mondial. Cela peut renforcer votre réputation et la valeur de votre marque.

Plus d'opportunités de vente : La personnalisation de votre chatbot pour répondre dans plusieurs langues permet de fournir des recommandations de produits personnalisées en fonction de la langue préférée de l'utilisateur. Cela augmente les chances de conversion des utilisateurs en clients réels et stimule vos ventes.

Le moyen le plus courant de gagner de l'argent avec un chatbot utilisant un modèle de langage génératif tel que GPT consiste à utiliser le chatbot pour fournir une assistance client ou vendre des produits et services. Voici quelques étapes détaillées sur la façon de démarrer une activité lucrative avec un chatbot basé sur GPT.

Identifier votre public cible : La première étape pour gagner de l'argent avec un chatbot basé sur GPT consiste à identifier votre public cible. Quels sont les besoins des utilisateurs ? Quels sont leurs problèmes ? Quels sont leurs intérêts ? Une fois ces facteurs identifiés, vous pouvez créer un chatbot qui fournit des réponses pertinentes et personnalisées.

Choisir une plateforme de chatbot : Il existe plusieurs plateformes de chatbot parmi lesquelles choisir, certaines offrant des fonctionnalités avancées pour la personnalisation du chatbot, telles que la création de réponses personnalisées en fonction de la langue préférée de l'utilisateur. Une fois la plateforme choisie, vous pouvez commencer à créer votre chatbot.

Personnaliser votre chatbot : La personnalisation de votre chatbot est un aspect important pour fournir des réponses pertinentes et personnalisées. Cela peut inclure la création de réponses personnalisées en fonction de votre activité, de vos produits ou services, de votre localisation géographique et de vos besoins en matière de branding.

Intégrer votre chatbot avec votre site web ou votre boutique en ligne : Une fois que votre chatbot est créé, vous pouvez l'intégrer à votre site web ou à votre boutique en ligne. Cela permet aux utilisateurs d'accéder directement au chatbot depuis votre site web ou votre boutique en ligne, améliorant ainsi l'expérience utilisateur globale.

Utiliser votre chatbot pour fournir une assistance client ou vendre des produits et services : Votre chatbot peut être utilisé pour fournir une assistance client ou vendre des produits et services. Cela peut augmenter vos ventes et améliorer l'expérience utilisateur globale.

Surveiller les performances de votre chatbot et les optimiser : Surveillez les performances de votre chatbot, telles que le taux de conversion des utilisateurs en clients réels, les demandes des utilisateurs et les retours des utilisateurs. Cela vous permet d'optimiser les performances de votre chatbot et d'améliorer l'expérience utilisateur globale.

Il existe de multiples façons de gagner de l'argent avec un chatbot basé sur GPT-3.5, notamment :

Développement et vente de chatbots personnalisés : L'une des principales opportunités pour gagner de l'argent avec un chatbot basé sur GPT-3.5 consiste à développer et vendre des chatbots personnalisés pour les entreprises et les particuliers. Vous pouvez proposer vos services de développement et de personnalisation de chatbots à un prix fixe ou à l'heure.

Offre de services de conseil : Si vous avez une vaste connaissance des chatbots et de l'intelligence artificielle, vous pouvez proposer des services de conseil aux entreprises souhaitant utiliser un chatbot basé sur GPT-3.5 pour améliorer leur activité. Vous pouvez fournir des conseils sur la création et la configuration d'un chatbot, son intégration avec d'autres technologies, et comment optimiser les performances du chatbot.

Vente de chatbots préconfigurés : Si vous ne souhaitez pas développer des chatbots personnalisés, vous pouvez créer et vendre des chatbots préconfigurés pour une large gamme de secteurs. Par exemple, vous pouvez créer un chatbot de service client, un chatbot de réservation de rendez-vous ou un chatbot de vente pour les entreprises. Vous pouvez vendre ces chatbots à un prix fixe ou sur abonnement.

Offre de services de formation : Si vous êtes expert dans l'utilisation de chatbots basés sur GPT-3.5, vous pouvez proposer des services de formation aux entreprises et aux particuliers qui veulent apprendre à utiliser ces outils. Vous pouvez organiser des séminaires et des ateliers pour expliquer les concepts de base de l'utilisation des chatbots et fournir des exemples concrets de leur utilisation pour améliorer l'efficacité de l'entreprise.

Vente d'accès à des bases de données de conversations : Si vous avez développé un chatbot basé sur GPT-3.5 ayant interagi avec de nombreux utilisateurs, vous pouvez vendre l'accès à la base de données de conversations à des tiers. Cela peut être utile pour les entreprises souhaitant analyser les conversations des utilisateurs pour obtenir des informations sur les besoins et les désirs des clients.

Offre de services d'analyse de données : Si vous possédez des compétences en analyse de données, vous pouvez offrir des services d'analyse de données aux clients utilisant des chatbots basés sur GPT-3.5. Vous pouvez utiliser des outils d'analyse de données pour extraire des informations utiles des conversations du chatbot et fournir des rapports détaillés sur les modèles d'utilisation du chatbot et les comportements des utilisateurs.

Vente de services de surveillance et de maintenance : Si vous avez développé un chatbot basé sur GPT-3.5 pour un client, vous pouvez offrir des services de surveillance et de maintenance pour vous assurer que le chatbot fonctionne correctement et est toujours à jour. Vous pouvez surveiller les performances du chatbot, résoudre les problèmes techniques et mettre à jour le chatbot avec de nouvelles fonctionnalités.

Offre de services d'intégration : Si vous avez de l'expérience dans le développement de logiciels, vous pouvez offrir des services d'intégration aux clients utilisant des chatbots basés sur GPT-3.5. Vous pouvez intégrer le chatbot avec d'autres applications commerciales telles que les CRM, les ERP et les logiciels d'automatisation du marketing pour optimiser l'efficacité de l'entreprise.

Vente d'accès à des plugins et applications : Si vous avez développé des plugins et des applications pour des chatbots basés sur GPT-3.5, vous pouvez vendre l'accès à ces outils aux clients. Par exemple, vous pouvez créer un plugin pour intégrer le chatbot avec Facebook Messenger ou une application pour créer des sondages avec le chatbot.

Offre de services marketing : Si vous êtes un expert en marketing numérique, vous pouvez offrir des services marketing aux clients utilisant des chatbots basés sur GPT-3.5. Vous pouvez utiliser le chatbot pour créer des campagnes de marketing automatisées, envoyer des messages personnalisés aux utilisateurs et améliorer la fidélisation des clients.

Il est important de noter que la monétisation des données collectées par les chatbots est une activité délicate et dépend des réglementations sur la vie privée et la protection des données personnelles de votre pays. Avant de considérer toute forme de monétisation des données, il est important de vous assurer d'avoir obtenu le consentement des utilisateurs pour la collecte, le traitement et l'utilisation des données personnelles.

Cela dit, voici quelques options pour monétiser les données collectées par les chatbots :

Vente de données agrégées : Si vous avez collecté une grande quantité de données, vous pouvez vendre les données agrégées à des tiers, tels que des sociétés de recherche marketing ou de publicité. Les données agrégées ne comprennent pas d'informations personnelles identifiables, mais plutôt des informations anonymes et des statistiques agrégées.

Offre de services personnalisés : En utilisant les données collectées par le chatbot, vous pouvez offrir des services personnalisés aux utilisateurs, tels que des recommandations de produits ou de services basées sur leurs intérêts et comportements. Ces services peuvent être proposés moyennant des frais ou dans le cadre d'un ensemble de services plus vaste.

Création de modèles d'apprentissage automatique : En utilisant les données collectées par le chatbot, vous pouvez créer des modèles d'apprentissage automatique pour améliorer l'efficacité du chatbot. Les modèles d'apprentissage automatique peuvent être vendus à des tiers souhaitant utiliser ces outils pour améliorer l'efficacité de leurs chatbots ou d'autres produits basés sur l'intelligence artificielle.

Offre de publicité ciblée : En utilisant les données collectées par le chatbot, vous pouvez offrir de la publicité ciblée aux utilisateurs. Cela peut être fait de manière discrète, en utilisant les données des utilisateurs pour proposer des annonces pertinentes et pertinentes, plutôt que d'envoyer des publicités envahissantes ou agaçantes.

Offre de services de conseil : Si vous avez une vaste connaissance des chatbots et de l'intelligence artificielle, vous pouvez proposer des services de conseil aux entreprises souhaitant utiliser un chatbot basé sur GPT-3.5 pour améliorer leur activité. Vous pouvez fournir des conseils sur la création et la configuration d'un chatbot, son intégration avec d'autres technologies, et comment optimiser les performances du chatbot.

Vente de chatbots préconfigurés : Si vous ne souhaitez pas développer des chatbots personnalisés, vous pouvez créer et vendre des chatbots préconfigurés pour une large gamme de secteurs. Par exemple, vous pouvez créer un chatbot de service client, un chatbot de réservation de rendez-vous ou un chatbot de vente pour les entreprises. Vous pouvez vendre ces chatbots à un prix fixe ou sur abonnement.

Offre de services de formation : Si vous êtes expert dans l'utilisation de chatbots basés sur GPT-3.5, vous pouvez proposer des services de formation aux entreprises et aux particuliers qui veulent apprendre à utiliser ces outils. Vous pouvez organiser des séminaires et des ateliers pour expliquer les concepts de base de l'utilisation des chatbots et fournir des exemples concrets de leur utilisation pour améliorer l'efficacité de l'entreprise.

Vente d'accès à des bases de données de conversations : Si vous avez développé un chatbot basé sur GPT-3.5 ayant interagi avec de nombreux utilisateurs, vous pouvez vendre l'accès à la base de données de conversations à des tiers. Cela peut être utile pour les entreprises souhaitant analyser les conversations des utilisateurs pour obtenir des informations sur les besoins et les désirs des clients.

Offre de services d'analyse de données : Si vous possédez des compétences en analyse de données, vous pouvez offrir des services d'analyse de données aux clients utilisant des chatbots basés sur GPT-3.5. Vous pouvez utiliser des outils d'analyse de données pour extraire des informations utiles des conversations du chatbot et fournir des rapports détaillés sur les modèles d'utilisation du chatbot et les comportements des utilisateurs.

Vente de services de surveillance et de maintenance : Si vous avez développé un chatbot basé sur GPT-3.5 pour un client, vous pouvez offrir des services de surveillance et de maintenance pour vous assurer que le chatbot fonctionne correctement et est toujours à jour. Vous pouvez surveiller les performances du chatbot, résoudre les problèmes techniques et mettre à jour le chatbot avec de nouvelles fonctionnalités.

Offre de services d'intégration : Si vous avez de l'expérience dans le développement de logiciels, vous pouvez offrir des services d'intégration aux clients utilisant des chatbots basés sur GPT-3.5.

Vous pouvez intégrer le chatbot avec d'autres applications commerciales telles que les CRM, les ERP et les logiciels d'automatisation du marketing pour optimiser l'efficacité de l'entreprise.

Vente d'accès à des plugins et applications : Si vous avez développé des plugins et des applications pour des chatbots basés sur GPT-3.5, vous pouvez vendre l'accès à ces outils aux clients. Par exemple, vous pouvez créer un plugin pour intégrer le chatbot avec Facebook Messenger ou une application pour créer des sondages avec le chatbot.

Offre de services marketing : Si vous êtes un expert en marketing numérique, vous pouvez offrir des services marketing aux clients utilisant des chatbots basés sur GPT-3.5. Vous pouvez utiliser le chatbot pour créer des campagnes de marketing automatisées, envoyer des messages personnalisés aux utilisateurs et améliorer la fidélisation des clients.

Il est important de noter que la monétisation des données collectées par les chatbots est une activité délicate et dépend des réglementations sur la vie privée et la protection des données personnelles de votre pays. Avant de considérer toute forme de monétisation des données, il est important de vous assurer d'avoir obtenu le consentement des utilisateurs pour la collecte, le traitement et l'utilisation des données personnelles.

Cela dit, voici quelques options pour monétiser les données collectées par les chatbots :

Vente de données agrégées : Si vous avez collecté une grande quantité de données, vous pouvez vendre les données agrégées à des tiers, tels que des sociétés de recherche marketing ou de publicité. Les données agrégées ne comprennent pas d'informations personnelles identifiables, mais plutôt des informations anonymes et des statistiques agrégées.

Offre de services personnalisés : En utilisant les données collectées par le chatbot, vous pouvez offrir des services personnalisés aux utilisateurs, tels que des recommandations de produits ou de services basées sur leurs intérêts et comportements. Ces services peuvent être proposés moyennant des frais ou dans le cadre d'un ensemble de services plus vaste.

Création de modèles d'apprentissage automatique : En utilisant les données collectées par le chatbot, vous pouvez créer des modèles d'apprentissage automatique pour améliorer l'efficacité du chatbot. Les modèles d'apprentissage automatique peuvent être vendus à des tiers souhaitant utiliser ces outils pour améliorer l'efficacité de leurs chatbots ou d'autres produits basés sur l'intelligence artificielle.

Offre de publicité ciblée : En utilisant les données collectées par le chatbot, vous pouvez offrir de la publicité ciblée aux utilisateurs. Cela peut être fait de manière discrète, en utilisant les données des utilisateurs pour proposer des annonces pertinentes et pertinentes, plutôt que d'envoyer des publicités envahissantes ou agaçantes.

Droit d'opposition : Les utilisateurs ont le droit de

s'opposer au traitement de leurs données personnelles pour des motifs légitimes, tels que des fins de marketing direct.

De plus, le RGPD oblige les entreprises à informer les utilisateurs de manière claire et transparente sur leurs droits en matière de protection des données personnelles et à respecter ces droits. Les entreprises doivent fournir des procédures pour la demande de ces droits et répondre aux demandes des utilisateurs dans un délai limité.

En résumé, le RGPD a introduit une série de droits pour les utilisateurs concernant la collecte, le traitement et l'utilisation de leurs données personnelles. Les utilisateurs ont le droit d'être informés de manière claire et transparente sur les données personnelles collectées, corrigées et effacées, de restreindre le traitement de leurs données personnelles et d'obtenir leurs données personnelles dans un format structuré et transférable. Les entreprises doivent respecter ces droits et fournir des procédures pour la demande de ces droits.

Le Règlement général sur la protection des données (RGPD) de l'Union européenne prévoit des sanctions significatives pour les entreprises qui ne respectent pas les règles de confidentialité et de protection des données personnelles. Les sanctions peuvent être administratives ou pénales et dépendent de la gravité de la violation. Voici un aperçu des sanctions prévues par le RGPD :

Sanctions administratives : Les sanctions administratives peuvent être élevées jusqu'à un maximum de 4 % du chiffre d'affaires annuel de l'entreprise ou jusqu'à 20 millions d'euros, selon le montant le plus élevé des deux. Les sanctions administratives peuvent être infligées en cas de violation des règles de confidentialité et de protection des données personnelles, telles que l'absence de consentement des utilisateurs pour la collecte et l'utilisation des données personnelles ou la non-notification d'une violation de données personnelles.

Sanctions pénales : Les sanctions pénales peuvent être infligées en cas de violations graves des règles de confidentialité et de protection des données personnelles. Les sanctions pénales peuvent aller jusqu'à un maximum de 2 ans de prison pour les responsables de l'entreprise ou les responsables du traitement des données personnelles.

De plus, le RGPD prévoit que les utilisateurs peuvent demander une indemnisation pour tout préjudice subi suite à une violation des règles de confidentialité et de protection des données personnelles. Les entreprises qui ne respectent pas le RGPD peuvent donc être sujettes à des demandes d'indemnisation de la part des utilisateurs.

Pour éviter les sanctions découlant de la violation du Règlement général sur la protection des données (RGPD) de l'Union européenne, les entreprises peuvent entreprendre plusieurs actions. Voici quelques-unes des principales actions que les entreprises peuvent entreprendre :

Adopter une politique de confidentialité claire et transparente : Les entreprises devraient adopter une politique de confidentialité claire et transparente décrivant en détail les modalités de collecte, de traitement et d'utilisation des données personnelles des utilisateurs. La politique de confidentialité devrait être facilement accessible et compréhensible.

Obtenir le consentement explicite des utilisateurs : Les entreprises devraient obtenir le consentement explicite des utilisateurs pour la collecte, le traitement et l'utilisation de leurs données personnelles. Le consentement devrait être obtenu de manière claire et transparente et devrait être documenté.

Mettre en place des mesures de sécurité adéquates : Les entreprises devraient mettre en place des mesures de sécurité adéquates pour protéger les données personnelles des utilisateurs. Ces mesures devraient inclure des contrôles d'accès, le chiffrement, des sauvegardes régulières et une surveillance constante du système.

Désigner un délégué à la protection des données : Les entreprises devraient désigner un délégué à la protection des données (DPO) responsable de la protection des données personnelles des utilisateurs et de la conformité aux règles de confidentialité. Le DPO devrait être un expert en matière de confidentialité et de protection des données personnelles.

Former le personnel : Les entreprises devraient fournir une formation régulière au personnel sur les règles de confidentialité et de protection des données personnelles. Le personnel devrait être conscient des règles de confidentialité et des responsabilités de l'entreprise en matière de protection des données personnelles.

Respecter les droits des utilisateurs : Les entreprises devraient respecter les droits des utilisateurs en ce qui concerne la collecte, le traitement et l'utilisation de leurs données personnelles. Les utilisateurs devraient être informés de leurs droits et les demandes des utilisateurs devraient être gérées de manière rapide et professionnelle.

Je peux également vous suggérer que si vous souhaitez gagner de l'argent en ligne, il existe de nombreuses possibilités, telles que :

Travailler en tant que freelance : Vous pouvez proposer vos services en ligne en tant que freelance dans divers domaines tels que l'écriture, la programmation, le design, le marketing ou la traduction. Il existe des plateformes en ligne comme Upwork, Freelancer ou Fiverr qui vous permettent de trouver du travail en tant que freelance.

Créer un blog ou une chaîne YouTube : Vous pouvez créer un blog ou une chaîne YouTube sur un sujet qui vous intéresse et le monétiser grâce à la publicité, aux sponsorisations ou à la vente de produits/services connexes.

Participer à des sondages en ligne : Certaines entreprises offrent la possibilité de participer à des sondages en ligne et de gagner de l'argent ou des points qui peuvent être convertis en argent.

Vendre des produits en ligne : Vous pouvez vendre des produits en ligne sur des plateformes telles qu'Amazon, eBay ou Etsy.

Investir dans les cryptomonnaies : Vous pouvez investir dans des cryptomonnaies telles que le Bitcoin, l'Ethereum ou le Litecoin, mais il est important de se rappeler que les investissements comportent toujours un certain risque.

Travailler en tant que freelance est une option très populaire pour gagner de l'argent en ligne. En pratique, les freelances sont des professionnels qui offrent leurs services de manière indépendante, sans être liés à une entreprise ou à un employeur. Les freelances peuvent travailler dans divers domaines tels que l'écriture, la programmation, le design, le marketing ou la traduction.

Voici les principales étapes pour devenir freelance :

Identifiez votre domaine d'expertise : La première étape pour devenir freelance est d'identifier votre domaine d'expertise. Demandez-vous dans quel domaine vous avez des compétences et des connaissances spécifiques et où vous vous sentez le plus à l'aise. Par exemple, si vous êtes doué en écriture, vous pouvez offrir vos services en tant que rédacteur ou rédacteur de contenu.

Créez un profil en ligne : Une fois que vous avez identifié votre domaine d'expertise, vous devez créer un profil en ligne sur une plateforme de freelance comme Upwork, Freelancer ou Fiverr. Le profil devrait inclure une description précise de vos compétences, de vos expériences et de votre formation, ainsi que des exemples de travaux précédents.

Trouvez des emplois : Une fois votre profil créé, vous pouvez rechercher des emplois correspondant à vos compétences. Les plateformes de freelance proposent une large gamme d'emplois dans divers secteurs, des projets à court terme aux emplois à long terme.

Fixez le prix et la tarification : Une fois le travail trouvé, vous devez définir le prix et la tarification pour votre travail. Vous pouvez choisir de facturer un prix fixe pour le travail ou de facturer un taux horaire. Le prix devrait être équitable et compétitif par rapport aux autres freelances du domaine.

Travaillez dur : Une fois que vous avez obtenu le travail, travaillez dur pour le compléter dans les délais impartis et avec la meilleure qualité possible. Votre réputation en tant que freelance dépend de la qualité du travail que vous fournissez.

En résumé, travailler en tant que freelance est une option populaire pour gagner de l'argent en ligne. Vous pouvez devenir freelance en identifiant votre domaine d'expertise, en créant un profil en ligne, en trouvant des emplois, en fixant le prix et la tarification, et en travaillant dur pour compléter le travail de manière professionnelle et de qualité.

Voici quelques-unes des plateformes de freelance les plus populaires :

Upwork : Upwork est l'une des plus grandes plateformes de freelance au monde, avec plus de 12 millions de freelances inscrits et 5 millions de clients actifs. Upwork propose des emplois dans divers secteurs, dont l'écriture, la programmation, le design, le marketing et la traduction.

Freelancer : Freelancer est une autre plateforme de freelance très populaire avec plus de 50 millions d'utilisateurs inscrits dans le monde entier. Freelancer propose des emplois dans divers secteurs, dont l'écriture, la programmation, le design, le marketing et la traduction.

Fiverr : Fiverr est une plateforme de freelance spécialisée dans les travaux à court terme, avec un prix de base de 5 dollars par travail. Fiverr propose des emplois dans divers secteurs, dont l'écriture, la programmation, le design et le marketing.

Guru : Guru est une plateforme de freelance qui propose des emplois dans divers secteurs, dont l'écriture, la programmation, le design, le marketing et la traduction. Guru compte plus de 3 millions de membres inscrits dans le monde entier.

PeoplePerHour : PeoplePerHour est une plateforme de freelance basée au Royaume-Uni qui propose des emplois dans divers secteurs, dont l'écriture, la programmation, le design et le marketing. PeoplePerHour a été fondée en 2007 et compte plus de 2,5 millions de membres inscrits dans le monde entier.

Toptal : Toptal est une plateforme de freelance spécialisée dans les emplois de programmation, de design et de développement. Toptal ne sélectionne que les meilleurs professionnels du secteur, offrant ainsi aux clients les meilleurs talents de l'industrie.

Voici un bref guide sur la façon de s'inscrire sur certaines des principales plateformes de freelance :

Upwork : Pour vous inscrire sur Upwork, vous devez visiter le site web d'Upwork et cliquer sur le bouton "S'inscrire". Ensuite, vous devrez entrer votre nom, votre adresse e-mail et un mot de passe. Vous devrez ensuite remplir votre profil et fournir des détails sur votre expérience professionnelle et vos compétences. Après avoir complété votre profil, vous pouvez commencer à rechercher des emplois et à soumettre des propositions aux clients.

Freelancer : Pour vous inscrire sur Freelancer, vous devez visiter le site web de Freelancer et cliquer sur le bouton "S'inscrire". Ensuite, vous devrez entrer votre nom, votre adresse e-mail et un mot de passe. Vous devrez ensuite compléter votre profil et fournir des détails sur votre expérience professionnelle et vos compétences. Après avoir complété votre profil, vous pouvez commencer à rechercher des emplois et à soumettre des propositions aux clients.

Fiverr : Pour vous inscrire sur Fiverr, vous devez visiter le site web de Fiverr et cliquer sur le bouton "S'inscrire". Ensuite, vous devrez entrer votre nom, votre adresse e-mail et un mot de passe. Vous devrez ensuite compléter votre profil et fournir des détails sur votre expérience professionnelle et vos compétences. Après avoir complété votre profil, vous pouvez créer vos "gigs" (services que vous offrez) et commencer à rechercher des clients.

Guru : Pour vous inscrire sur Guru, vous devez visiter le site web de Guru et cliquer sur le bouton "S'inscrire". Ensuite, vous devrez entrer votre nom, votre adresse e-mail et un mot de passe. Vous devrez ensuite compléter votre profil et fournir des détails sur votre expérience professionnelle et vos compétences. Après avoir complété votre profil, vous pouvez commencer à rechercher des emplois et à soumettre des propositions aux clients.

PeoplePerHour : Pour vous inscrire sur PeoplePerHour, vous devez visiter le site web de PeoplePerHour et cliquer sur le bouton "S'inscrire". Ensuite, vous devrez entrer votre nom, votre adresse e-mail et un mot de passe. Vous devrez ensuite compléter votre profil et fournir des détails sur votre expérience professionnelle et vos compétences. Après avoir complété votre profil, vous pouvez commencer à rechercher des emplois et à soumettre des propositions aux clients.

Toptal : Pour vous inscrire sur Toptal, vous devez visiter le site web de Toptal et cliquer sur le bouton "S'inscrire comme Freelance". Ensuite, vous devrez entrer votre nom, votre adresse e-mail et un mot de passe. Vous devrez ensuite compléter votre profil et fournir des détails sur votre expérience professionnelle et vos compétences. Après avoir complété votre profil, Toptal évaluera votre candidature et, si vous êtes sélectionné, vous mettra en contact avec des clients.

Il existe de nombreuses autres plateformes de freelance que vous pourriez envisager. Voici quelques autres options :

99designs : 99designs est une plateforme spécialisée dans la conception graphique, offrant des emplois tels que la conception de logos, la conception de sites web, la conception d'emballages, etc.

SimplyHired : SimplyHired est une plateforme de recherche d'emploi mondiale qui permet aux freelances de trouver des emplois dans divers secteurs, dont l'écriture, la programmation, le design et le marketing.

Topcoder : Topcoder est une plateforme spécialisée dans le développement de logiciels et la conception, offrant des emplois tels que le développement d'applications, la conception de sites web, etc.

Bark : Bark est une plateforme de freelance permettant aux freelances de trouver des emplois dans divers secteurs, dont l'écriture, la programmation, le design et le marketing.

TaskRabbit : TaskRabbit est une plateforme de freelance spécialisée dans les travaux d'entretien domestique tels que le nettoyage, le jardinage et les réparations.

Hirable : Hirable est une plateforme de freelance offrant des emplois dans divers secteurs, dont l'écriture, la programmation, le design et le marketing, ainsi que des emplois dans les domaines juridique, médical et financier.

Workana : Workana est une plateforme de freelance offrant des emplois dans divers secteurs, dont l'écriture, la programmation, le design et le marketing, avec une forte présence en Amérique latine.

En outre, voici quelques plateformes de freelance offrant des emplois dans des domaines spécifiques :

TranslatorsCafe : TranslatorsCafe est une plateforme spécialisée dans la traduction, offrant des emplois de traduction dans divers secteurs tels que le juridique, le médical, le technique et le commercial.

ProZ : ProZ est une autre plateforme spécialisée dans la traduction, offrant des emplois de traduction dans divers secteurs tels que le juridique, le médical, le technique et le commercial.

Shutterstock : Shutterstock est une plateforme spécialisée dans la photographie et la vidéo, permettant aux photographes et vidéastes de vendre leurs images et vidéos à des clients du monde entier.

Getty Images : Getty Images est une autre plateforme spécialisée dans la photographie et la vidéo, permettant aux photographes et vidéastes de vendre leurs images et vidéos à des clients du monde entier.

Voices.com : Voices.com est une plateforme spécialisée dans le doublage et la voix off, permettant aux doubleurs et artistes de voix off de trouver des emplois dans divers secteurs tels que la publicité, le cinéma, l'animation et les jeux.

ArtStation : ArtStation est une plateforme spécialisée dans l'art numérique, permettant aux artistes numériques de vendre leurs œuvres d'art et de trouver des emplois en tant que concept artist, designer de personnages et illustrateur.

Musicbed : Musicbed est une plateforme spécialisée dans la musique pour la production vidéo, permettant aux musiciens de vendre leur musique et de trouver des emplois en tant que compositeurs et producteurs musicaux.

N'oubliez pas que chaque plateforme a ses propres politiques, exigences et procédures d'inscription, il est donc important de lire attentivement les instructions et de fournir des informations précises et véridiques pour maximiser vos chances de trouver du travail.

Sur de nombreuses plateformes de freelance, vous pouvez trouver du travail même si vous n'avez pas d'expérience professionnelle. Cependant, la plupart des clients préfèrent embaucher des freelances ayant au moins un peu d'expérience dans le domaine où ils recherchent des travailleurs.

Si vous n'avez pas d'expérience professionnelle, vous pourriez envisager de rechercher des emplois nécessitant des compétences de base ou de commencer par des emplois à bas coût pour acquérir de l'expérience et construire votre portfolio. Sur certaines plateformes de freelance, comme Fiverr, il existe également des emplois à bas coût, tels que des projets d'écriture ou de conception graphique simples, qui peuvent constituer un bon point de départ pour les freelances débutants.

De plus, vous pourriez envisager de suivre des cours en ligne gratuits ou à faible coût pour acquérir de nouvelles compétences et améliorer vos connaissances. Il existe de nombreuses ressources en ligne disponibles pour améliorer vos compétences, telles que des tutoriels vidéo, des cours en ligne et des tutoriels gratuits.

En général, il est important d'être transparent sur son expérience et ses compétences lorsque l'on recherche un emploi en tant que freelance, et de fournir un portfolio précis et véridique pour démontrer ses compétences. Avec le temps et l'expérience, vous pourrez augmenter votre réputation et votre visibilité sur les plateformes de freelance et accéder à des emplois plus rémunérateurs.

Créer un blog ou une chaîne YouTube peut être une option pour gagner de l'argent en ligne. Voici quelques étapes que vous pouvez suivre pour créer un blog ou une chaîne YouTube :

Choisissez le thème de votre blog ou de votre chaîne YouTube. Il est important de choisir un thème qui vous passionne et qui est capable d'attirer un public.

Créez votre blog ou votre chaîne YouTube. Vous pouvez utiliser des plateformes telles que WordPress pour créer un blog ou YouTube pour créer une chaîne.

Produisez du contenu de haute qualité. Que vous écriviez des articles de blog ou créiez des vidéos sur YouTube, il est important de produire du contenu de haute qualité qui soit informatif, utile et intéressant pour le public.

Promouvez votre blog ou votre chaîne YouTube. Vous pouvez promouvoir votre blog ou votre chaîne à travers les médias sociaux, les forums en ligne et autres canaux de marketing.

Monétisez votre blog ou votre chaîne YouTube. Vous pouvez monétiser votre blog ou votre chaîne YouTube grâce à la publicité, aux parrainages ou à la vente de produits/services connexes.

Continuez à produire du contenu de haute qualité et à interagir avec votre public pour augmenter la visibilité et la popularité de votre blog ou de votre chaîne YouTube.

Rappelez-vous que la création d'un blog ou d'une chaîne YouTube demande du temps et de l'engagement, mais peut être une source gratifiante de revenus passifs une fois que vous avez construit une base de public fidèle.

Il existe de nombreuses façons de promouvoir votre blog ou votre chaîne YouTube et d'augmenter la visibilité et l'engagement de votre public. Voici quelques conseils :

Utilisez les médias sociaux : promouvez vos contenus sur les médias sociaux tels que Facebook, Twitter, Instagram, LinkedIn et autres. Vous pouvez partager vos articles ou vidéos sur les médias sociaux et utiliser des hashtags pertinents pour atteindre un public plus large.

Créez une newsletter : créez une newsletter pour vos lecteurs ou spectateurs afin de tenir votre public informé des nouveaux contenus et autres actualités.

Collaborez avec d'autres blogueurs ou YouTubers : recherchez d'autres blogueurs ou YouTubers traitant de sujets similaires aux vôtres et collaborez avec eux pour créer du contenu commun ou vous promouvoir mutuellement.

Utilisez le référencement (SEO) : assurez-vous que votre blog ou votre chaîne YouTube est optimisé pour les moteurs de recherche en utilisant des mots-clés pertinents, des méta-descriptions et des titres accrocheurs.

Participez aux communautés en ligne : rejoignez des communautés en ligne comme des forums de discussion, des groupes Facebook ou des subreddits pertinents pour votre sujet et promouvez vos contenus.

Offrez du contenu gratuit : proposez du contenu gratuit comme des guides, des livres électroniques ou des ressources utiles à votre public et promouvez-les via les médias sociaux ou d'autres canaux de marketing.

Participez à des événements et des conférences : participez à des événements et des conférences pertinents pour votre sujet et promouvez votre blog ou votre chaîne YouTube grâce au réseautage et à la promotion directe.

Rappelez-vous que la promotion de votre blog ou de votre chaîne YouTube nécessite du temps et un engagement constant, mais peut vous aider à atteindre un public plus large et à construire votre réputation en tant que blogueur ou YouTuber.

Voici quelques conseils pour optimiser votre blog ou votre chaîne YouTube pour les moteurs de recherche :

Utilisez des mots-clés pertinents : utilisez des mots-clés pertinents dans le titre de votre blog ou de votre vidéo, dans la description et dans les balises. Utilisez des outils comme Google Keyword Planner ou Ubersuggest pour trouver des mots-clés pertinents pour votre sujet.

Produisez du contenu de haute qualité : créez du contenu de haute qualité qui soit informatif, utile et intéressant pour votre public. Les moteurs de recherche récompensent le contenu de haute qualité en le plaçant mieux dans les résultats de recherche.

Utilisez des méta-descriptions et des balises appropriées : utilisez des méta-descriptions et des balises appropriées pour vos articles ou vos vidéos. Les méta-descriptions et les balises fournissent des informations utiles aux moteurs de recherche sur le contenu de votre blog ou de votre chaîne YouTube.

Créez une URL simple et claire : créez une URL simple et claire pour votre blog ou votre chaîne YouTube. Une URL simple et claire aide les moteurs de recherche à identifier votre blog ou votre chaîne YouTube de manière plus efficace.

Utilisez des images et des vidéos de haute qualité : utilisez des images et des vidéos de haute qualité pour vos articles ou vos vidéos. Les images et les vidéos de haute qualité améliorent l'expérience de l'utilisateur et peuvent aider à améliorer le classement dans les résultats de recherche.

Promouvez votre blog ou votre chaîne YouTube sur d'autres sites web : promouvez votre blog ou votre chaîne YouTube sur d'autres sites web pertinents pour votre sujet. Cela peut contribuer à améliorer l'autorité de votre site web ou de votre chaîne YouTube aux yeux des moteurs de recherche.

Optimisez la vitesse de chargement de votre site web ou de votre chaîne YouTube : optimisez la vitesse de chargement de votre site web ou de votre chaîne YouTube. Les sites web ou les chaînes YouTube avec un chargement lent peuvent être pénalisés par les moteurs de recherche.

Utilisez un design responsive : utilisez un design responsive pour votre site web ou votre chaîne YouTube. Un design responsive permet à votre site web ou à votre chaîne YouTube de s'adapter à différentes tailles d'écran, améliorant ainsi l'expérience utilisateur et le classement dans les résultats de recherche.

Utilisez des liens internes et externes : utilisez des liens internes et externes dans vos articles ou vos vidéos. Les liens internes améliorent la navigation sur le site web ou la chaîne YouTube, tandis que les liens externes peuvent renforcer l'autorité du site web ou de la chaîne YouTube aux yeux des moteurs de recherche.

Créez un plan du site (sitemap) : créez un plan du site pour votre site web ou votre chaîne YouTube et envoyez-le aux moteurs de recherche. Un plan du site fournit une liste de toutes les pages de votre site web ou de votre chaîne YouTube, aidant ainsi les moteurs de recherche à identifier le contenu de manière plus efficace.

Utilisez les médias sociaux : utilisez les médias sociaux pour promouvoir votre blog ou votre chaîne YouTube. Les médias sociaux peuvent aider à générer du trafic vers votre site web ou votre chaîne YouTube, améliorant ainsi le classement dans les résultats de recherche.

Créez du contenu evergreen : créez du contenu evergreen, c'est-à-dire du contenu qui reste pertinent au fil du temps. Le contenu evergreen peut attirer un trafic constant vers votre site web ou votre chaîne YouTube au fil du temps.

Utilisez les données structurées : utilisez les données structurées pour fournir des informations détaillées sur votre contenu aux moteurs de recherche. Les données structurées peuvent améliorer le classement dans les résultats de recherche et contribuer à générer des clics plus qualifiés.

Soyez attentif aux pénalités des moteurs de recherche : faites attention aux pénalités des moteurs de recherche telles que le contenu dupliqué, la création de liens artificiels, la rédaction de contenu de mauvaise qualité ou l'utilisation de techniques de spam. De telles pénalités peuvent nuire au classement de votre site web ou de votre chaîne YouTube dans les résultats de recherche.

Après avoir créé votre profil sur une plateforme de freelance, vous pourrez accéder à la section "recherche de travail" ou "trouver des missions". Dans cette section, vous aurez la possibilité de rechercher des missions correspondant à vos compétences.

Les plateformes de freelance offrent une grande variété de missions dans divers secteurs, tels que :

Rédaction et traduction : ce secteur comprend des missions telles que la rédaction d'articles, la création de contenu web, la traduction de textes, la correction d'épreuves, la rédaction de CV, la rédaction de discours et bien plus encore.

Design et développement : ce secteur comprend des missions telles que la création de sites web, la programmation de sites web, la conception graphique, la création de logos, la retouche d'images et bien plus encore.

Marketing et publicité : ce secteur comprend des missions telles que la gestion de campagnes publicitaires, la création de contenu pour les réseaux sociaux, la gestion des médias sociaux, la rédaction d'e-mails marketing, la création d'annonces et bien plus encore.

Administration et support : ce secteur comprend des missions telles que la gestion d'e-mails, la gestion de calendriers, la gestion de fichiers, la gestion de bases de données, le support technique et bien plus encore.

Services professionnels : ce secteur comprend des missions telles que le conseil, la comptabilité, la gestion des ressources humaines, la gestion de projet et bien plus encore.

Une fois que vous aurez trouvé des missions correspondant à vos compétences, vous pourrez postuler pour la mission en fournissant une proposition détaillée expliquant comment vous prévoyez de gérer la mission et vos tarifs. Gardez à l'esprit que la concurrence peut être élevée pour certaines missions, il est donc important de présenter une proposition de haute qualité qui met en valeur votre expérience et vos compétences.

Voici quelques détails supplémentaires sur la recherche de missions sur les plateformes de freelance :

Filtrez les résultats de recherche : la plupart des plateformes de freelance vous permettent de filtrer les résultats de recherche en fonction de la catégorie, du type de mission, du budget et d'autres critères. Utilisez ces filtres pour trouver les missions les plus pertinentes pour vos compétences.

Lisez attentivement la description du travail : avant de postuler à un travail, lisez attentivement la description du travail et assurez-vous de bien comprendre les besoins du client. Ainsi, vous serez en mesure de présenter une proposition de haute qualité qui répond aux besoins du client.

Vérifiez les avis des clients : de nombreuses plateformes de freelance permettent aux clients de laisser des avis sur les travailleurs. Vérifiez les avis des clients pour avoir une idée de leur expérience de travail avec le professionnel. Cela vous aidera à évaluer si le client est fiable et si cela vaut la peine de postuler pour le travail.

Présentez une proposition de haute qualité : lorsque vous postulez pour un travail, présentez une proposition de haute qualité qui met en avant votre expérience et vos compétences. Assurez-vous de fournir des informations détaillées sur votre approche du travail, vos tarifs et votre expérience dans le domaine.

Maintenez la communication avec le client : une fois que vous avez obtenu le travail, il est important de maintenir une communication régulière avec le client pour vous assurer de répondre à ses besoins. Répondez rapidement à ses questions et envoyez des mises à jour régulières sur l'état du travail.

Gardez une bonne réputation : pour réussir en tant que freelance, il est important de maintenir une bonne réputation. Terminez les travaux de manière ponctuelle et de haute qualité, respectez les délais et communiquez clairement avec les clients. Cela vous aidera à obtenir des avis positifs et à obtenir des travaux futurs.

Voici quelques conseils pour construire un portefeuille solide en tant que freelance :

Choisissez vos meilleurs travaux : sélectionnez vos meilleurs travaux pour votre portefeuille. Choisissez les projets qui démontrent clairement vos compétences et votre expertise.

Montrez votre diversité : assurez-vous d'inclure une variété de travaux dans votre portefeuille pour démontrer votre polyvalence. Incluez également des projets qui montrent votre capacité à vous adapter à différents styles et besoins des clients.

Décrivez vos projets : décrivez vos projets dans votre portefeuille de manière détaillée. Expliquez votre rôle dans le projet, les défis que vous avez rencontrés et comment vous avez résolu les problèmes éventuels. Cela démontre votre compétence et votre capacité à gérer les projets.

Utilisez des médias visuels : utilisez des médias visuels tels que des images, des vidéos et des graphiques pour présenter vos projets de la manière la plus convaincante possible. Incluez des captures d'écran du travail que vous avez effectué, des vidéos de présentation ou de démonstration, ainsi que d'autres éléments visuels qui peuvent mettre en valeur votre travail.

Montrez les résultats : montrez les résultats que vous avez obtenus avec vos projets. Par exemple, si vous avez créé une campagne publicitaire réussie, incluez les résultats que vous avez obtenus tels qu'une augmentation des ventes ou du trafic sur le site web.

Mettez régulièrement à jour votre portefeuille : assurez-vous de mettre régulièrement à jour votre portefeuille avec vos nouveaux travaux. Ainsi, les clients potentiels pourront voir que vous êtes actif et que vous avez continuellement de nouveaux projets en cours.

Demandez des retours aux clients : demandez des retours aux clients sur vos projets et utilisez ces retours pour améliorer continuellement votre travail. Incluez également les retours positifs obtenus dans vos projets pour démontrer votre capacité à répondre aux besoins des clients.

Un portefeuille solide et bien entretenu peut aider à démontrer votre expérience et vos compétences en tant que freelance, et peut vous aider à obtenir des travaux futurs.

Montrez votre personnalité : votre portefeuille ne devrait pas seulement être une collection de travaux, il devrait également montrer votre personnalité et votre style. Par exemple, vous pourriez inclure une brève description de vous-même et de votre expérience, ou ajouter une touche personnelle à vos descriptions de projets.

Organisez votre portefeuille : organisez votre portefeuille de manière logique et facile à naviguer. Par exemple, vous pourriez organiser vos projets en fonction de la catégorie, de la date, du client ou du type de travail.

Créez une version en ligne : créez une version en ligne de votre portefeuille qui soit facile à partager avec les clients potentiels. Vous pouvez utiliser des plateformes comme Behance, Dribbble ou LinkedIn pour créer un portefeuille en ligne.

Faites attention à la qualité : faites attention à la qualité de votre portefeuille. Assurez-vous que les images sont de haute qualité, que les vidéos sont bien montées et que les descriptions sont rédigées de manière claire et correcte.

Gardez-le à jour : maintenez votre portefeuille à jour avec vos derniers travaux, compétences et expériences. Ainsi, votre portefeuille sera toujours actuel et montrera votre croissance en tant que professionnel.

Personnalisez votre portefeuille pour le travail : si vous recherchez un travail dans un domaine spécifique ou pour un certain type de clients, personnalisez votre portefeuille pour répondre à leurs besoins. Par exemple, si vous recherchez un travail de graphiste pour une entreprise de mode, vous pourriez inclure des projets qui démontrent votre expérience en design de mode.

Demandez l'avis des autres : demandez l'avis d'amis, de collègues ou de professionnels du secteur sur votre portefeuille. Demandez-leur un retour honnête et utilisez ce feedback pour améliorer votre portefeuille.

Soyez sélectif : sélectionnez soigneusement les travaux que vous incluez dans votre portfolio. Choisissez ceux qui représentent le mieux vos compétences et qui démontrent votre capacité à résoudre des problèmes et à répondre aux besoins des clients.

Ajoutez une section "À propos de moi" : créez une section "À propos de moi" dans votre portfolio pour vous présenter aux clients potentiels. Incluez une brève biographie, vos compétences et votre expérience professionnelle. Cela aide les clients à mieux vous connaître ainsi que vos compétences.

Créez une section "Témoignages" : incluez une section "Témoignages" dans votre portfolio où vos clients peuvent laisser des commentaires et des avis sur votre travail. Cela peut aider à démontrer votre expérience et votre capacité à satisfaire les besoins des clients.

Montrez votre créativité : mettez en avant votre créativité et votre capacité à penser de manière originale dans votre portfolio. Incluez des projets qui montrent votre aptitude à trouver des solutions créatives aux problèmes des clients.

Utilisez des mots-clés : utilisez des mots-clés dans votre portfolio pour aider les clients potentiels à trouver facilement votre travail. Utilisez des mots-clés pertinents pour votre secteur et vos compétences.

Faites attention au design : soyez attentif au design de votre portfolio. Assurez-vous que le design soit professionnel, attrayant et facile à naviguer. Utilisez des images de haute qualité et une mise en page propre et ordonnée.

Incluez des projets personnels : intégrez des projets personnels dans votre portfolio pour montrer votre créativité et votre passion pour votre travail. Cela démontre également votre capacité à travailler de manière autonome et à trouver des solutions innovantes aux problèmes.

Soyez authentique : soyez authentique et honnête dans votre portfolio. N'exagérez pas vos compétences ou les résultats obtenus. Soyez toujours transparent avec vos clients potentiels et démontrez votre capacité à travailler de manière éthique et professionnelle.

Incluez des projets réussis : ajoutez des projets réussis dans votre portfolio. Ces projets devraient démontrer votre capacité à résoudre des problèmes et à répondre efficacement aux besoins des clients.

Montrez votre formation : si vous avez une formation ou une certification spécifique, incluez-la dans votre portfolio. Cela peut aider à démontrer votre expertise dans votre domaine et à renforcer votre crédibilité en tant que professionnel.

Montrez votre évolution : mettez en avant votre évolution en tant que professionnel dans votre portfolio. Incluez vos premiers travaux ainsi que vos projets les plus récents pour montrer votre croissance et votre capacité à vous améliorer en permanence.

Soyez attentif à la présentation : faites attention à la présentation de votre portfolio. Assurez-vous qu'il est facile à naviguer et que les projets sont organisés de manière logique. Utilisez des images de haute qualité et des descriptions détaillées pour mettre en avant votre travail.

Ajoutez une section "Processus de travail" : incluez une section "Processus de travail" dans votre portfolio où vous expliquez votre approche du travail et le processus que vous suivez pour mener à bien les projets. Cela démontre votre professionnalisme et votre capacité à gérer efficacement les projets.

Montrez votre personnalité : laissez transparaître votre personnalité dans votre portfolio. Incluez des éléments qui reflètent votre créativité, votre sens de l'humour ou votre passion pour votre travail. Cela peut aider les clients potentiels à se connecter avec vous sur un plan personnel.

Soyez spécifique : soyez précis dans votre portfolio. Décrivez en détail quelles sont vos compétences et comment vous avez résolu les problèmes de vos clients. Cela montre votre capacité à travailler de manière ciblée et à répondre aux besoins des clients.

Soignez les détails : apportez un soin particulier à chaque détail de votre portfolio. Assurez-vous que les images sont bien cadrées et que les descriptions sont claires et correctes. Portez attention aux détails graphiques, tels que le choix des couleurs et des polices, pour mettre en valeur votre travail.

Incluez des projets variés : ajoutez des projets variés à votre portfolio pour montrer votre polyvalence. Par exemple, si vous êtes graphiste, vous pourriez inclure des projets de branding, de conception de sites web et de design d'emballage.

Soyez attentif à la typographie : choisissez soigneusement les polices de caractères dans votre portfolio. Utilisez des polices lisibles et professionnelles pour vous assurer que les descriptions des projets sont faciles à lire.

Utilisez un langage clair : utilisez un langage clair et simple dans votre portfolio. Évitez le jargon technique et expliquez vos projets de manière à ce que tout le monde puisse les comprendre.

Incluez des projets bénévoles : si vous avez fait du bénévolat ou travaillé sur des projets gratuits, incluez-les dans votre portfolio. Cela montre votre passion pour votre travail et votre capacité à utiliser vos compétences pour aider les autres.

Ajoutez une section "Contact" : insérez une section "Contact" dans votre portfolio où les clients potentiels peuvent trouver votre adresse e-mail, votre numéro de téléphone et vos profils de médias sociaux. Cela facilite la prise de contact avec vous pour discuter d'un éventuel travail.

Intégrez votre portfolio dans vos médias sociaux : partagez votre portfolio sur vos profils de médias sociaux tels que LinkedIn, Twitter ou Instagram. Cela peut aider à faire connaître votre travail et à toucher un public plus large.

Incluez des projets en cours : si vous travaillez sur un projet en cours, intégrez-le dans votre portfolio.

Cela montre votre capacité à gérer des projets complexes et votre souci du détail.

Soyez cohérent : soyez cohérent dans la présentation de votre portfolio. Utilisez le même style graphique pour tous vos projets et assurez-vous que votre portfolio ait un aspect cohérent et professionnel.

Incluez une section "Récompenses" : si vous avez reçu des récompenses ou des prix pour votre travail, incluez-les dans votre portfolio. Cela démontre votre expérience et votre capacité à produire un travail de haute qualité.

Soyez ouvert aux critiques : soyez ouvert aux critiques et aux retours sur votre portfolio. Utilisez les retours pour améliorer votre travail et répondre de mieux en mieux aux besoins de vos clients.

Incluez des projets démontrant votre capacité à travailler en équipe : si vous avez travaillé sur des projets en collaboration avec d'autres professionnels ou en équipe, incluez-les dans votre portfolio. Cela démontre votre capacité à travailler de manière collaborative et à gérer des projets complexes.

Incluez des projets démontrant votre connaissance de votre secteur : incluez des projets qui démontrent votre connaissance de votre secteur. Par exemple, si vous êtes rédacteur, vous pourriez inclure des projets de marketing de contenu ou de création de newsletters.

Faites attention à la cohérence du ton : veillez à la cohérence du ton dans votre portfolio. Utilisez le même style d'écriture pour toutes les descriptions de projets et assurez-vous que le ton soit professionnel et cohérent.

Incluez des projets démontrant votre capacité à résoudre des problèmes : incluez des projets qui démontrent votre capacité à résoudre des problèmes. Décrivez le problème que le client avait et comment vous avez trouvé une solution efficace.

Incluez des projets démontrant votre capacité à vous adapter : incluez des projets qui démontrent votre capacité à vous adapter aux besoins du client.

Expliquez comment vous avez modifié votre approche pour répondre aux besoins du client.

Utilisez la bonne quantité d'informations : utilisez la bonne quantité d'informations dans votre portfolio. Évitez d'inclure trop de détails techniques et de descriptions trop longues. Soyez concis et incluez uniquement les informations les plus importantes.

Incluez des projets démontrant votre capacité à gérer le temps : incluez des projets qui démontrent votre capacité à gérer le temps. Expliquez comment vous avez planifié et géré le projet de manière efficace.

Incluez des projets démontrant votre capacité à communiquer : incluez des projets qui démontrent votre capacité à communiquer efficacement. Expliquez comment vous avez communiqué avec le client pendant le projet et comment vous avez géré d'éventuelles difficultés de communication.

Faites attention à la confidentialité des clients : veillez à la confidentialité des clients dans votre portfolio. Ne divulguez pas d'informations confidentielles sur les clients ou leurs projets sans leur autorisation.

Restez toujours à jour : tenez-vous toujours au courant des nouvelles tendances et technologies de votre secteur. Mettez à jour votre portfolio et incluez des projets qui démontrent votre connaissance des dernières tendances de votre secteur.

Incluez des projets démontrant votre capacité à innover : incluez des projets qui démontrent votre capacité à innover. Expliquez comment vous avez utilisé de nouvelles technologies ou des idées créatives pour résoudre le problème du client.

Incluez des projets démontrant votre capacité à gérer le budget : incluez des projets qui démontrent votre capacité à gérer le budget du client. Expliquez comment vous avez planifié et géré le budget de manière efficace.

Incluez des projets démontrant votre capacité à respecter les délais : incluez des projets qui démontrent votre capacité à respecter les délais.

Expliquez comment vous avez planifié et géré le projet pour respecter les échéances.

Utilisez une présentation interactive : utilisez une présentation interactive pour votre portfolio. Par exemple, vous pourriez créer un site web ou un document PDF interactif incluant des vidéos, des animations ou d'autres fonctionnalités interactives.

Incluez des projets démontrant votre capacité à obtenir des résultats : incluez des projets qui démontrent votre capacité à obtenir des résultats pour le client. Expliquez comment votre travail a aidé le client à atteindre ses objectifs commerciaux.

Faites attention à la qualité des images : veillez à la qualité des images dans votre portfolio. Utilisez des images de haute qualité qui mettent en valeur votre travail de manière efficace.

Incluez des projets démontrant votre capacité à créer du contenu : si vous êtes rédacteur ou créateur de contenu, incluez des projets qui démontrent votre capacité à créer du contenu. Par exemple, vous pourriez inclure des projets d'écriture de blog, de création de vidéos ou de production de podcasts.

Incluez des projets démontrant votre capacité à créer des marques : si vous êtes graphiste ou designer, incluez des projets qui démontrent votre capacité à créer des marques. Expliquez comment vous avez créé une marque efficace qui représente fidèlement le client.

Incluez des projets démontrant votre capacité à améliorer les résultats : incluez des projets qui démontrent votre capacité à améliorer les résultats du client. Expliquez comment vous avez apporté des améliorations au travail précédent du client et comment cela a conduit à de meilleurs résultats.

Soyez original : soyez original dans votre portfolio. Utilisez un design unique et créatif pour mettre en avant votre travail et attirer l'attention des clients potentiels.

Participez à des sondages en ligne : certaines entreprises offrent la possibilité de participer à des sondages en ligne et de gagner de l'argent ou des points pouvant être convertis en argent. Ces sondages sont utilisés par les entreprises pour recueillir des informations sur leurs produits ou services, leur réputation et leurs concurrents. Les participants aux sondages sont sélectionnés en fonction de leurs données démographiques et de leurs préférences, il est donc important de fournir des informations précises lors de l'inscription. La participation aux sondages en ligne ne nécessite aucune compétence particulière et peut être un moyen facile et rapide de gagner un peu d'argent supplémentaire.

Vendre des produits en ligne : vous pouvez vendre des produits en ligne sur des plateformes telles qu'Amazon, eBay ou Etsy. Vous pouvez vendre des produits faits à la main, des produits vintage ou de nouveaux produits que vous avez achetés et que vous souhaitez revendre. Il est important de choisir les bons produits et de fixer des prix compétitifs pour attirer les clients. De plus, vous devrez gérer les expéditions et les retours de produits, il est donc important d'être organisé et fiable.

Investir dans les cryptomonnaies : les cryptomonnaies sont des devises numériques qui utilisent la cryptographie pour assurer la sécurité et la confidentialité des transactions. Vous pouvez investir dans des cryptomonnaies telles que le Bitcoin, l'Ethereum ou le Litecoin en les achetant sur une plateforme d'échange de cryptomonnaies. Il est important de se rappeler que les investissements comportent toujours un certain risque, il est donc important de faire des recherches approfondies avant d'investir et de consulter un expert financier si nécessaire. De plus, les cryptomonnaies sont sujettes à des fluctuations de prix importantes, il est donc important de gérer le risque et de ne pas investir plus que ce que vous pouvez vous permettre de perdre.

Pour vendre des produits en ligne, vous pouvez utiliser des plateformes telles qu'Amazon, eBay ou Etsy, qui vous permettent d'atteindre un large public de clients potentiels. De plus, vous pouvez créer votre propre site web de commerce électronique pour vendre vos produits de manière indépendante.

La première chose à faire est de choisir le type de produit que vous souhaitez vendre. Vous pouvez vendre des produits faits à la main, des produits vintage ou de nouveaux produits que vous avez achetés et que vous souhaitez revendre. Il est important de choisir des produits qui suscitent l'intérêt de votre public cible et qui répondent à un besoin spécifique du marché. De plus, vous devrez effectuer des recherches de marché pour comprendre quels produits sont déjà présents sur le marché et comment vous pouvez vous différencier.

Une fois que vous avez choisi les produits, il est important de fixer des prix compétitifs pour attirer les clients. Vous devrez également gérer les expéditions et les retours de produits, il est donc important d'être organisé et fiable. Vous pouvez utiliser un service d'expédition tel que USPS, FedEx ou UPS pour gérer les expéditions et les livraisons de vos produits.

Pour promouvoir vos produits en ligne, vous pouvez utiliser la publicité en ligne, les médias sociaux et le marketing numérique. Par exemple, vous pouvez utiliser la publicité sur Facebook ou Google pour atteindre de nouveaux clients, ou vous pouvez utiliser le marketing par courrier électronique pour informer les clients existants de vos produits et promotions.

En général, la vente de produits en ligne peut être un moyen efficace de gagner de l'argent, mais cela nécessite du temps et de l'engagement pour gérer les expéditions, les retours et le marketing de vos produits. Cependant, si vous êtes organisé et que vous avez un produit de qualité, vous pouvez créer une entreprise de commerce électronique prospère.

Une fois que vous avez décidé du type de produit que vous souhaitez vendre, il est important de créer une description détaillée et attrayante du produit. La description devrait inclure les caractéristiques et les avantages du produit, les dimensions, les matériaux utilisés et les instructions d'utilisation. De plus, vous devriez inclure des images de haute qualité du produit sous différents angles, afin que les clients puissent voir le produit en détail.

De plus, il est important de fixer des prix compétitifs pour vos produits. Vous devriez faire des recherches sur les prix des produits similaires sur le marché pour déterminer un prix équitable et compétitif. De plus, vous devriez tenir compte des coûts de production, de gestion des stocks, d'expédition et de marketing pour déterminer le prix final du produit.

Pour gérer les expéditions, vous pouvez utiliser un service d'expédition tel que USPS, FedEx ou UPS. Vous pouvez également utiliser un service de gestion des stocks comme Fulfillment by Amazon (FBA) d'Amazon, qui vous permet de stocker vos produits dans les entrepôts d'Amazon et de gérer les expéditions et les retours de manière automatisée.

Pour promouvoir vos produits en ligne, vous pouvez utiliser le marketing numérique. Par exemple, vous pouvez utiliser la publicité sur Facebook ou Google pour atteindre de nouveaux clients, ou vous pouvez utiliser le marketing par courrier électronique pour informer les clients existants de vos produits et promotions. De plus, vous pouvez utiliser les médias sociaux pour promouvoir vos produits et interagir avec vos clients.

Enfin, il est important de fournir un service client de haute qualité. Vous devriez répondre rapidement aux questions des clients et gérer les retours de manière professionnelle. De cette manière, les clients seront plus enclins à revenir pour acheter chez vous et à recommander vos produits à leurs amis et à leur famille.

Une fois que vous avez décidé du type de produit que vous souhaitez vendre, il est important de choisir la bonne plateforme de commerce électronique pour votre entreprise. Vous pouvez utiliser des plateformes comme Shopify, WooCommerce ou Magento pour créer votre boutique en ligne. Ces plateformes vous permettent de personnaliser votre boutique en ligne, de gérer les expéditions et les retours de vos produits, de gérer votre inventaire et d'utiliser des outils de marketing numérique pour promouvoir vos produits.

Pour promouvoir vos produits en ligne, vous pouvez utiliser le marketing numérique. Par exemple, vous pouvez utiliser la publicité sur Facebook ou Google pour atteindre de nouveaux clients, ou vous pouvez utiliser le marketing par courrier électronique pour informer les clients existants de vos produits et promotions. De plus, vous pouvez utiliser les médias sociaux pour promouvoir vos produits et interagir avec vos clients.

Il est également important de gérer les avis clients de manière professionnelle. Vous devriez encourager les clients à laisser des avis sur vos produits, qu'ils soient positifs ou négatifs. De cette manière, vous pouvez utiliser les avis pour améliorer vos produits et votre service client. De plus, les avis positifs peuvent être utilisés comme outil de marketing pour attirer de nouveaux clients.

Le service client est également un aspect important de la vente de produits en ligne. Vous devriez répondre rapidement aux questions des clients et gérer les retours de manière professionnelle. De cette manière, les clients seront plus enclins à revenir pour acheter chez vous et à recommander vos produits à leurs amis et à leur famille.

Enfin, vous devriez surveiller constamment les métriques de vente et les analyses du trafic de votre site web pour comprendre comment vous pouvez améliorer votre activité de commerce électronique. Par exemple, vous pouvez utiliser des outils d'analyse comme Google Analytics pour suivre le trafic de votre site web, les conversions et les métriques de vente.

Pour gérer les expéditions de vos produits, vous pouvez utiliser un service d'expédition comme USPS, FedEx ou UPS. De plus, vous pouvez utiliser un service de gestion de stock comme Fulfillment by Amazon (FBA) d'Amazon, qui vous permet de stocker vos produits dans les entrepôts d'Amazon et de gérer les expéditions et les retours de manière automatisée. Ainsi, vous n'aurez pas à vous soucier de la gestion des expéditions et pourrez vous concentrer sur la promotion de vos produits.

Pour promouvoir vos produits en ligne, vous pouvez utiliser le marketing numérique. Par exemple, vous pouvez utiliser la publicité sur Facebook ou Google pour atteindre de nouveaux clients, ou vous pouvez utiliser le marketing par courrier électronique pour informer les clients existants de vos produits et promotions. De plus, vous pouvez utiliser les médias sociaux pour promouvoir vos produits et interagir avec vos clients.

Il est également important de fournir une expérience d'achat de haute qualité à vos clients. Vous devez vous assurer que votre site web est facile à naviguer et que les produits sont présentés de manière claire et attrayante. De plus, vous devriez fournir des informations détaillées sur les produits, telles que les dimensions, les matériaux utilisés et les instructions d'utilisation.

Pour gérer le service client, vous devriez être disponible pour répondre aux questions des clients et gérer les retours de manière professionnelle. De cette manière, les clients seront plus enclins à revenir pour acheter chez vous et à recommander vos produits à leurs amis et à leur famille.

Mailchimp est une plateforme de marketing par courrier électronique qui vous permet de créer et d'envoyer des courriers électroniques à un large public. Elle propose une gamme de fonctionnalités, notamment la création de newsletters, la personnalisation des courriers électroniques, l'automatisation du marketing et la gestion des listes de contacts. En plus des fonctionnalités de marketing par courrier électronique, Mailchimp vous permet également de créer des pages de destination pour promouvoir vos produits ou services.

Avec Mailchimp, vous pouvez créer des courriers électroniques personnalisés en utilisant des modèles prédéfinis et des outils de conception intuitifs. Vous pouvez également utiliser l'automatisation du marketing pour envoyer des courriers électroniques en fonction des actions de vos contacts, telles que l'ouverture d'un courrier électronique ou l'abandon du panier. De plus, vous pouvez gérer les listes de contacts et segmenter votre public pour envoyer des courriers électroniques ciblés.

Mailchimp offre également des analyses détaillées sur les performances de vos courriers électroniques, telles que les taux d'ouverture, de clic et de conversion. De cette manière, vous pouvez mieux comprendre l'efficacité de vos campagnes de marketing par courrier électronique et apporter les modifications nécessaires.

Mailchimp propose différents plans tarifaires en fonction de vos besoins. Il propose également une version gratuite qui vous permet d'envoyer jusqu'à 10 000 courriers électroniques par mois à un maximum de 2 000 contacts. Cependant, si vous souhaitez des fonctionnalités avancées telles que l'automatisation du marketing, vous devrez passer à un plan payant.

En général, Mailchimp est un excellent choix pour les petites et moyennes entreprises qui souhaitent utiliser la puissance du marketing par courrier électronique pour promouvoir leurs produits ou services. Il offre une gamme étendue de fonctionnalités et des plans tarifaires flexibles, ce qui le rend adapté à divers besoins et budgets.

Vous pouvez utiliser Mailchimp pour envoyer des courriers électroniques dans différentes langues. Mailchimp vous permet de créer des courriers électroniques personnalisés dans différentes langues en utilisant des modèles prédéfinis ou en créant des courriers électroniques personnalisés à partir de zéro. De plus, vous pouvez utiliser les fonctionnalités de segmentation pour envoyer des courriers électroniques ciblés en fonction de la langue préférée de vos contacts.

Pour créer des courriers électroniques dans différentes langues, vous pouvez utiliser le bloc de texte multilingue de Mailchimp. Cet outil vous permet de créer un seul bloc de texte pouvant être traduit dans différentes langues. Lorsque vous envoyez votre courrier électronique, Mailchimp envoie le texte dans la langue préférée de votre contact en fonction des paramètres de leur navigateur ou de leur compte Mailchimp.

De plus, Mailchimp vous permet d'utiliser la langue de votre choix lorsque vous créez vos propres modèles de courrier électronique personnalisés. Vous pouvez également utiliser le traducteur intégré de Mailchimp pour traduire le texte de vos courriers électroniques dans différentes langues.

En général, Mailchimp est un outil flexible qui vous permet de créer des courriers électroniques personnalisés dans différentes langues, afin d'atteindre un public international et d'améliorer l'efficacité de vos campagnes de marketing par courrier électronique.

Mailchimp n'offre pas de support natif pour la traduction d'images et de vidéos. Cependant, il existe quelques moyens de traduire les images et les vidéos pour vos campagnes de marketing par courrier électronique sur Mailchimp. Pour les images, vous pouvez utiliser des outils de traduction en ligne pour traduire le texte de l'image dans la langue souhaitée. Par exemple, vous pouvez utiliser

Google Translate ou d'autres outils de traduction en ligne pour traduire le texte dans une image. Vous devrez ensuite remplacer le texte d'origine par le texte traduit dans l'image.

Pour les vidéos, vous pouvez utiliser des sous-titres pour ajouter la traduction du texte parlé. Vous pouvez utiliser des outils de traduction en ligne pour traduire le texte parlé dans une autre langue, puis ajouter les sous-titres dans la langue souhaitée à votre vidéo.

En général, la traduction des images et des vidéos nécessite un peu de travail manuel, mais peut être un moyen efficace d'atteindre un public international et d'améliorer l'efficacité de vos campagnes de marketing par courrier électronique sur Mailchimp. Il existe plusieurs outils de traduction en ligne disponibles. Voici quelques outils de traduction en ligne que vous pourriez trouver utiles :

Google Traduction : Google Traduction est l'un des services de traduction en ligne les plus populaires au monde. Il propose la traduction de texte, de documents, de pages web et même la traduction vocale en temps réel.

DeepL : DeepL est un autre outil de traduction en ligne qui utilise un algorithme avancé d'intelligence artificielle pour offrir des traductions de haute qualité. Il propose également une fonction de traduction contextuelle qui prend en compte le contexte de la phrase pour des traductions plus précises.

Systran : Systran est un autre outil de traduction en ligne qui propose la traduction de texte, de documents et de pages web dans plus de 140 langues. Il propose également des fonctionnalités de traduction spécialisées pour des secteurs spécifiques tels que le juridique, le médical et le technologique.

SDL FreeTranslation : SDL FreeTranslation est un outil de traduction en ligne gratuit qui propose la traduction de texte et de pages web dans différentes langues. Il propose également des fonctionnalités avancées telles que la traduction de documents et la traduction de texte avec des caractères spéciaux.

En général, il n'est pas recommandé d'utiliser des outils de traduction en ligne pour traduire des documents officiels. Les outils de traduction automatique peuvent être utiles pour la traduction de textes généraux, mais ne sont pas capables de garantir la précision et l'exactitude nécessaires pour les documents officiels.

Pour traduire des documents officiels, il est conseillé de faire appel à un traducteur professionnel ou à une agence de traduction. Les traducteurs professionnels sont en mesure de garantir la précision et l'exactitude des traductions, en utilisant les techniques et les compétences nécessaires pour traduire des documents officiels.

De plus, pour certains documents officiels, il peut être nécessaire de prêter serment devant un notaire ou un officier public que la traduction est précise et correcte. Dans ces cas, il est important que la traduction soit réalisée par un traducteur certifié capable de fournir une traduction officielle.

En général, en ce qui concerne les documents officiels, il est important de faire appel à un professionnel pour garantir la précision et l'exactitude de la traduction. Les outils de traduction en ligne peuvent être utiles pour la traduction de textes généraux, mais ne conviennent pas pour la traduction de documents officiels.

Il existe plusieurs sources fiables d'informations sur les cryptomonnaies. Voici quelques-unes des sources que vous pourriez trouver utiles :

CoinDesk : CoinDesk est l'une des principales sources de nouvelles et d'informations sur les cryptomonnaies. Il propose des actualités, des analyses, des recherches de marché et des guides pratiques sur les cryptomonnaies.

Cointelegraph : Cointelegraph est une autre source de nouvelles et d'informations sur les cryptomonnaies. Il propose des actualités, des analyses, des guides et des recherches de marché sur les cryptomonnaies.

CryptoSlate : CryptoSlate est une plateforme de recherche et d'informations sur les cryptomonnaies.

Il propose des actualités, des analyses, des recherches de marché et des outils d'analyse technique des cryptomonnaies.

CryptoCompare : CryptoCompare est une plateforme d'analyse et de comparaison des cryptomonnaies. Il propose des actualités, des recherches de marché, des analyses techniques et des outils de comparaison des cryptomonnaies.

CoinMarketCap : CoinMarketCap est une plateforme d'informations sur les cryptomonnaies qui offre des données en temps réel sur les prix, les capitalisations boursières et d'autres métriques des cryptomonnaies.

Voici quelques autres sources d'informations sur les cryptomonnaies que vous pourriez trouver utiles :

Bitcoin Magazine : Bitcoin Magazine est l'une des premières publications sur les cryptomonnaies. Il propose des actualités, des analyses, des recherches de marché et des opinions sur les cryptomonnaies.

The Block : The Block est une autre source de nouvelles et d'informations sur les cryptomonnaies.

Il propose des actualités, des analyses, des recherches de marché et des guides pratiques sur les cryptomonnaies.

Decrypt : Decrypt est un site d'actualités et d'informations sur les cryptomonnaies. Il propose des actualités, des analyses, des recherches de marché et des guides pratiques sur les cryptomonnaies.

Messari : Messari est une plateforme de recherche et d'analyse sur les cryptomonnaies. Il propose des actualités, des recherches de marché, des analyses techniques et des outils d'analyse des cryptomonnaies.

Coin Telegraph Markets Pro : Coin Telegraph Markets Pro est une plateforme d'analyse et de recherche de marché sur les cryptomonnaies. Elle propose des données en temps réel, des analyses techniques et des outils pour l'analyse des cryptomonnaies.

The Block : The Block est une plateforme de nouvelles et d'informations sur les cryptomonnaies et la blockchain. Elle propose des actualités, des analyses, des recherches de marché et des rapports approfondis sur les cryptomonnaies.

Decrypt : Decrypt est une plateforme de nouvelles et d'informations sur les cryptomonnaies axée sur la vie privée et la sécurité. Elle offre des actualités, des analyses, des recherches de marché et des guides pratiques sur les cryptomonnaies.

Messari : Messari est une plateforme de recherche et d'informations sur les cryptomonnaies. Elle propose des actualités, des analyses, des recherches de marché, des rapports approfondis et des outils pour l'analyse des cryptomonnaies.

Bitcoin Magazine : Bitcoin Magazine est l'une des premières publications sur les cryptomonnaies, fondée en 2012. Elle propose des actualités, des analyses, des recherches de marché et des guides pratiques sur les cryptomonnaies.

Kraken Intelligence : Kraken Intelligence est une plateforme de recherche et d'informations sur les cryptomonnaies gérée par la plateforme d'échange de cryptomonnaies Kraken. Elle propose des actualités, des analyses, des recherches de marché et des rapports approfondis sur les cryptomonnaies.

Qu'est-ce que les cryptomonnaies ? Les cryptomonnaies sont des devises numériques utilisant la cryptographie pour sécuriser et vérifier les transactions, ainsi que pour contrôler la création de nouvelles unités. Les cryptomonnaies sont décentralisées et ne sont pas contrôlées par une autorité centrale telle qu'une banque centrale.

Comment fonctionnent les cryptomonnaies ? Les cryptomonnaies utilisent une technologie appelée blockchain pour enregistrer et vérifier les transactions. La blockchain est un registre public et immuable enregistrant toutes les transactions d'une cryptomonnaie de manière sécurisée et transparente.

Quelles sont les cryptomonnaies les plus populaires ? Les cryptomonnaies les plus populaires incluent le Bitcoin, l'Ethereum, la Binance Coin, le Cardano, le Dogecoin, le Ripple et bien d'autres. Cependant, le marché des cryptomonnaies évolue constamment, et les cryptomonnaies les plus populaires peuvent changer au fil du temps.

Comment acheter des cryptomonnaies ? Les cryptomonnaies peuvent être achetées via une plateforme d'échange de cryptomonnaies ou par l'intermédiaire d'un courtier en cryptomonnaies. Les plateformes d'échange de cryptomonnaies permettent l'achat de cryptomonnaies avec de la monnaie fiduciaire ou d'autres cryptomonnaies.

Quels sont les risques et les opportunités des investissements en cryptomonnaies ? Les investissements en cryptomonnaies peuvent comporter des risques en raison de la volatilité du marché et du manque de réglementation. Cependant, les cryptomonnaies peuvent également offrir des opportunités d'investissement intéressantes à long terme.

Quelles sont les tendances actuelles du marché des cryptomonnaies ? Actuellement, le marché des cryptomonnaies est en croissance, et de nombreuses cryptomonnaies atteignent de nouveaux sommets historiques. Cependant, le marché des cryptomonnaies est volatile et sujet à des fluctuations rapides.

Quelles sont les différences entre les cryptomonnaies et les devises traditionnelles ? Les cryptomonnaies sont décentralisées et ne sont pas contrôlées par une autorité centrale comme les devises traditionnelles. De plus, les cryptomonnaies utilisent la cryptographie pour sécuriser et vérifier les transactions, tandis que les devises traditionnelles utilisent les systèmes bancaires et financiers classiques.

Quelles sont les implications fiscales des investissements en cryptomonnaies ? Les implications fiscales des investissements en cryptomonnaies peuvent varier en fonction de la législation fiscale du pays de résidence. En général, les investissements en cryptomonnaies sont soumis à des taxes sur les gains en capital, mais les règles peuvent varier d'un pays à l'autre.

Voici quelques ressources que vous pouvez utiliser pour approfondir vos connaissances sur les cryptomonnaies :

Coursera : Coursera propose une large gamme de cours en ligne sur les cryptomonnaies et la blockchain. Vous pouvez suivre des cours gratuits ou payants de différentes universités et institutions, telles que la Princeton University et l'University of California, Berkeley.

Udemy : Udemy propose des cours en ligne sur de nombreuses thématiques, y compris la blockchain et les cryptomonnaies. Vous pouvez choisir parmi des cours gratuits ou payants.

YouTube : De nombreux canaux YouTube proposent des vidéos éducatives sur les cryptomonnaies et la blockchain. Certains des canaux les plus populaires incluent Andreas Antonopoulos, Coin Bureau et Ivan on Tech.

Reddit : Reddit est une communauté de discussion en ligne comprenant plusieurs sections dédiées aux cryptomonnaies, telles que r/CryptoCurrency et r/Bitcoin. Vous pouvez utiliser Reddit pour échanger des informations et des opinions avec d'autres personnes intéressées par les cryptomonnaies.

Livres : De nombreux livres sont disponibles sur les cryptomonnaies et la blockchain. Certains des livres les plus connus incluent "Mastering Bitcoin" d'Andreas Antonopoulos, "The Internet of Money" d'Andreas Antonopoulos et "The Basics of Bitcoins and Blockchains" d'Antony Lewis.

En conclusion, j'espère que ce guide introductif sur Chat GPT vous a donné un bon aperçu de cette technologie avancée et de ses nombreuses applications. Merci d'avoir consacré du temps à la lecture de ce guide et d'avoir montré de l'intérêt pour l'apprentissage de nouvelles technologies. N'oubliez pas que Chat GPT, comme toute autre technologie, peut être utilisé de manière positive ou négative en fonction de son utilisation. Je vous encourage à utiliser Chat GPT de manière responsable et à contribuer à son évolution de manière éthique et constructive. Merci encore d'avoir lu ce guide introductif sur Chat GPT !